Vorwort

Kinder empfinden Freude und Stolz, wenn sie in Tätigkeiten einbezogen werden, die normalerweise Erwachsene verrichten. Dabei lernen sie, Verantwortung zu übernehmen und bei einer Aufgabe mitzuhelfen und zu unterstützen.

In der Kita gibt es zahlreiche Gelegenheiten für Mitbestimmung und Partizipation. Gemeinsam mit Ihren Mitarbeiterinnen können Sie zunächst Anlässe suchen, die sich für Mitbestimmung eignen. Begeben Sie sich mutig auf den Weg! Sie werden schnell bemerken, dass die Kinder es Ihnen leicht machen, denn Kinder sind sofort begeistert, wenn sie nach ihrer Meinung und ihren Ideen gefragt werden.

Ich möchte Sie ermutigen, mit Partizipation und Mitbestimmung einfach zu beginnen. Machen Sie den ersten Schritt: Die Kinder und auch Ihre Mitarbeiterinnen können gemeinsam lernen, planen und gestalten.

Konflikte mit Eltern oder Mitarbeiterinnen können Ihre Arbeit in der Kita schwer belasten. Deshalb ist es wichtig, dass Sie konfliktgeladenen Situationen beherzt begegnen.

Reagieren Sie schnell, wenn Sie einen Konflikt mit Eltern oder Mitarbeiterinnen bemerken. Denn wenn ein Konflikt sich ausweitet, ist er oft nur sehr schwer wieder in den Griff zu bekommen.

Stellen Sie sich dem Konflikt, ergründen Sie die Ursachen, und gehen Sie mit den Beteiligten eine konstruktive Lösung an. So bleiben Sie mit Ihrer Kita handlungsfähig, und Sie gehen gestärkt aus dem bewältigten Konflikt: Denn Eltern und auch Mitarbeiterinnen schätzen Ihre Hilfe bei der Konfliktlösung sehr.

So gelingt es Ihnen, gemeinsam mit Kindern, Mitarbeiterinnen und Eltern Stärke zu entwickeln. Gemeinsam stark - damit Sie sich in der Kita auf das Wesentliche besinnen können: Die pädagogische Arbeit mit den Ihnen anvertrauten Kindern.

Inhaltsverzeichnis

1. Teil

Kinder fördern durch Mitbestimmung

Mittendrin statt nur dabei! Partizipation, Mitbestimmung und Beteiligung von Kindern in der Kita

Das Recht auf Partizipation, Kooperation und Beteiligung

Die geschützte Öffentlichkeit in Ihrer Kita ist ein ideales Lern- und Übungsfeld für gemeinsames und gemeinschaftliches Handeln der Kinder und für das Einüben demokratischer Kompetenzen.

Kinderbeteiligung ist von zentraler Bedeutung für den Bestand von Demokratie.

Eingebettet in Alltagsbezüge macht die Beteiligung von Kindern eine demokratische, soziale und lebenspraktische Bildung und Erziehung zugleich möglich. Beteiligung von Kindern ist gleichzeitig auch politische Bildung, weil Kinder dabei erfahren können, wie öffentliches Leben in einer Demokratie funktioniert.

Kinder haben ein Recht, an allen sie betreffenden Entscheidungen entsprechend ihrem Entwicklungsstand beteiligt zu werden. Beteiligung heißt konkret, Kinder als Betroffene in Entscheidungsprozesse mit einzubeziehen und ihnen ernsthaft Einflussnahme zuzugestehen.

Kinder sind „Experten in eigener Sache"

Kinderbeteiligung bedeutet Mit- und Selbstbestimmung. Dem einzelnen Kind wird die Möglichkeit zur Gestaltung der eigenen Aktivitäten eingeräumt, soweit sich dies mit seinem eigenen Wohl und dem Wohl anderer vereinbaren lässt. Dabei können den Kindern eigene Verantwortungsbereiche übergeben werden.

Praxisbeispiel: *„Nehmen wir jetzt die roten oder die gelben Handtücher?"* Robin und Sabrina haben in Ihrer Kita die Aufgabe, die frisch gewaschenen Handtücher für die Kinder Ihrer Gruppe im Waschraum aufzuhängen. Die Kinder dürfen dabei selbst entscheiden, welche Handtuchfarbe sie in dieser Woche gern hätten. Doch die Mitbestimmung geht in dieser Kita noch viel weiter: Auch über die Verwendung des Spielgeldes beraten die Kinder gemeinsam. In gemeinsamen Kinderkonferenzen beraten die Kinder, ob sie beispielsweise einen neuen Fußball oder eine Frisbeescheibe zum Spielen kaufen möchten.

Kinder lernen, Mitverantwortung zu übernehmen, und sie leisten zudem einen Beitrag zur Verbesserung kindlicher Lebensräume, indem sie als „Experten in eigener Sache" agieren.

Beteiligung ist von klein auf möglich. Das Kindesalter spielt für die jeweilige Beteiligungsform eine Rolle, nicht hingegen für die Beteiligung als solche. Erfahrungen zeigen, dass Kinder fähig sind, ihren Lebensalltag bewusst und gezielt mitzugestalten, z. B. folgendermaßen:

- Sie können schon sehr genau sagen, was sie beschäftigt.
- Sie äußern auf Nachfrage spontan ihre Beschwerden und Wünsche.
- Sie sind in ihren Äußerungen konkret und handlungsorientiert.

Praxisbeispiel: Sven, Tobias und Sören sind von der Baustelle auf der Straße vor der Kita begeistert. Besonders die große Asphaltmaschine, die heute die neue Teerdekke aufbringen soll, hat es den Jungs angetan. Die Erzieherinnen haben sich für heute vorgenommen, ihren wöchentlichen Waldspaziergang durchzuführen. Die Kinder ihrer Gruppe stehen die ganze Zeit am Fenster und sprechen von nichts anderem als von der Asphaltmaschine. Die Jungs bitten die Erzieherin: *„Wir möchten lieber hierbleiben und weiter zuschauen!"* Deshalb beschließen die Erzieherinnen kurzerhand, dieses starke Interesse aufzugreifen. Nach einem Gespräch mit den Straßenbauern steht fest: Die Kinder dürfen die Asphaltmaschine sogar besichtigen und bei den Teerarbeiten zuschauen.

Wichtiger Hinweis!
Bei der Kinderbeteiligung sollten Sie in Ihrer Kita immer Rücksicht nehmen auf

- individuelle Wünsche und Bedürfnisse,
- das Alter der Kinder,
- deren Geschlecht,
- unterschiedliche Beteiligungsfähigkeiten,
- die Herkunft und die Vorerfahrungen der Kinder.

Kinder lernen durch Beteiligung

Kinder lernen durch Partizipation für ihr ganzes Leben. Die folgende Liste zeigt Ihnen Fähigkeiten, Einsichten und Erfahrungen, die Kinder durch die Partizipation erwerben. Sprechen Sie diese Liste in einer Teambesprechung mit allen Mitarbeiterinnen in einer Teambesprechung durch.

Übersicht: Das lernt ein Kind durch Partizipation und Mitbestimmung in der Kita
Demokratische Kompetenz
Gesprächsregeln und -disziplin (Stillsitzen, Zuhören, Ausreden lassen) kennenlernen
Gesprächsregeln einhalten
Bei inhaltlichen Meinungsverschiedenheiten und unterschiedlichen Interessenlagen aufeinander zugehen, Kompromisse eingehen
Gemeinsame Lösung aushandeln
Sich damit abfinden und es aushalten, wenn die eigene Meinung und Interessen nicht zum Zuge kommen (Frustrationstoleranz)
Sich der Mehrheitsentscheidung beugen
Erfahren, dass man selbst etwas erreichen kann und dies dann hinterher auch verantworten muss
Bewusste Entscheidungen zu treffen lernen
Stolz und Selbstbewusstsein, an Gemeinschaftsentscheidungen teilzuhaben
Achtung vor dem Standpunkt und der Meinung anderer Kinder
Selbstbewusstsein beim Äußern der eigenen Meinung
Verantwortung
Verantwortung für sich selbst übernehmen
Für andere ein Vorbild sein
Verantwortung für andere Kinder tragen
Rücksicht nehmen auf Jüngere, Ältere, Mädchen oder Jungen
Sich zuständig fühlen für die Belange der Gemeinschaft
Nachgeben, indem man an die Gefühle anderer Kinder denkt
Anderen Kindern zuhören
Die Meinung der anderen Kinder akzeptieren
Kindern, die bei gemeinsamen Beschlüssen nicht anwesend waren, die neuen Regelungen erklären
Neuen Kindern helfen, sich zu beteiligen und sich zurechtzufinden

Partizipation: Diese Voraussetzungen müssen Sie schaffen

Mitbestimmung und Partizipation gelingen in jenen Kitas, in denen die Kinder altersgemäß und fortlaufend in Entscheidungsprozesse mit einbezogen werden. Lesen Sie hier, wie Sie mit Kindern gemeinsam entscheiden und nicht für Kinder bestimmen.

Praxisbeispiel: In der Kita „Pusteblume" gibt es 2 Gruppen, die nicht unterschiedlicher arbeiten könnten. In der Gruppe „Sonnenschein" werden die Kinder regelmäßig nach ihrer Meinung gefragt, sie dürfen abstimmen und immer wieder Inhalte mitplanen und mitbestimmen. In der Wolken-Gruppe derselben Kita sitzt das Erzieherinnenteam dienstags zusammen und plant, wie die Bildungsvorgaben anhand eines Themas kindgerecht umgesetzt werden können. Kinder dürfen lediglich manchmal auswählen, ob sie sich an einem Angebot beteiligen möchten oder nicht. Die Erzieherinnen aus beiden Gruppen behaupten von sich, dass sie mit einer hohen Kindorientierung arbeiten.

Ergänzen Sie Ihre Konzeption mit dem Kapitel „Partizipation". Das ist wichtig, denn dann können sich alle Mitarbeiterinnen inhaltlich einbringen. Gleichzeitig kommen alle Erzieherinnen dadurch auch auf ein einheitliches Niveau. Dann kann Partizipation in Ihrer Kita wachsen und Schritt für Schritt zum selbstverständlichen und täglichen Bestandteil Ihrer pädagogischen Arbeit werden.

1. Schritt: Schreiben Sie Partizipation in Ihrer Konzeption fest

Überlegen und diskutieren Sie mit Ihren Mitarbeiterinnen intensiv, welche Partizipationsrechte Sie für die Kinder Ihrer Kita institutionell verankern. Wenn Sie sich das oben genannte Beispiel vor Augen führen, bemerken Sie, wie immens wichtig eine klare Definition ist. Denn durch die konzeptionelle Festlegung sind alle Erzieherinnen an eine einheitliche Ausführung des Partizipationsprinzips gebunden. Das ist sehr wichtig, denn sonst ist die Gefahr groß, dass es in der Kita schnell Unfrieden zwischen Mitarbeiterinnen oder Eltern gibt.

Legen Sie z. B. in Ihrer Konzeption fest,

- wie und in welchem Umfang Kinder mitbestimmen dürfen,
- wie das pädagogische Personal die Kinder mitgestalten lässt,
- in welcher Form die Kinder beteiligt werden,
- welche Beschwerdeverfahren es für Kinder gibt,

- wann und wie häufig Kinderkonferenzen, Kindersprechstunden, Kinderbefragungen stattfinden.

2. Schritt: Formulieren Sie Rechte für Kinder

Kinderrechte sind nicht neu. In der UN-Kinderrechtskonvention sind breit gefächerte Kinderrechte festgelegt. Welche Rechte haben die Kinder in Ihrer Kita? Damit sich diese Rechte nicht von Gruppe zu Gruppe oder gar von Erzieherin zu Erzieherin unterscheiden, sollten Sie mit Ihrem gesamten Personal die Rechte schriftlich dokumentieren, die Sie mit den Kindern Ihrer Kita verbindlich umsetzen.

Auf dieser Seite sehen Sie eine Muster-Zusammenstellung von Rechten für Kita-Kinder. Übernehmen Sie diese Rechte bei Bedarf, oder lassen Sie sich und Ihre Mitarbeiterinnen davon inspirieren.

Tipp für Ihre Praxis: Formulieren Sie die Rechte, die Kinder in Ihrer Kita haben. Drucken Sie die Rechte in Ihrer Konzeption aus, und hängen Sie die Rechte in Ihrer Kita für alle einsehbar aus. Ein besonders guter Ort dafür ist der Eingangsbereich Ihrer Kita. Dort kommen die Kinderrechte in einem schönen Rahmen besonders gut zur Geltung.

Muster: 7 Kinderrechte für Ihre Kita
1. Jedes Kind wird in unserer Kita gleich behandelt, unabhängig von seiner Herkunft, Nationalität, Kultur und dem Glauben.
2. Die Erzieherinnen unserer Kita räumen allen Kindern, die unsere Kita besuchen, die gleichen Chancen ein.
3. Jedes Kind unserer Kita hat ein Recht darauf, seine eigene Meinung frei und regelmäßig zu äußern.
4. Wir geben den Kindern regelmäßig die Möglichkeit, ihre Meinung in Kinderkonferenzen und Gruppenbesprechungen zu äußern.
5. Kinderkonferenzen gibt es einmal wöchentlich. Gruppenbesprechungen finden täglich statt. Dabei wird allen anwesenden Kindern die Teilnahme an den Besprechungen und Konferenzen ermöglicht.
6. Alle Kinder dürfen regelmäßig Angelegenheiten mitbestimmen, die ihr Lernen und Leben in der Kita betreffen.
7. In der monatlichen Kindersprechstunde bekommt jedes Kind die Möglichkeit, Beschwerden zu persönlichen Anliegen zu äußern.

3. Schritt: Führen Sie Kinderkonferenzen ein

Mitbestimmung der Kinder gelingt in Ihrer Kita dann, wenn die Kinderkonferenzen einen festen Stammplatz erhalten. In diesen Konferenzen können alle Kinder Ihrer Kita mindestens einmal wöchentlich zusammentreffen und

- über aktuelle Themen sprechen,
- mitbestimmen und
- ihre Meinung dazu äußern.

Alle Erzieherinnen und Kinder sollten an den Kinderkonferenzen teilnehmen. Besonders hilfreich ist es für Kinder, wenn sie ein sichtbares Zeichen erhalten, das sie zum Sprechen ermächtigt, z. B.

- einen Redestab,
- einen Redestein oder
- eine Redeschale.

Abstimmungen, z. B. darüber, wo der nächste Ausflug hingehen soll, führen Sie am besten nicht per Handzeichen durch, sondern mit Punkten, die Kinder zu der Idee kleben dürfen, für die sie stimmen.

Tipp für Ihre Praxis: Wenn Sie die Kinderkonferenzen neu einführen möchten, sollten Sie zunächst auf Punkte setzen, die den Kindern ihre Selbstwirksamkeit zeigen. Die Kinder müssen Erfolge sehen. Das gelingt besonders gut bei der Abstimmung über ein Wunschessen oder der Entscheidung der Kinder, wohin der nächste Spaziergang führen soll.

4. Schritt: Fangen Sie klein an

Wenn Sie noch wenig Übung im Umgang mit Partizipation und Mitbestimmung von Kindern in der Kita haben, sollten Sie in kleinen Schritten vorangehen. Beginnen Sie beispielsweise damit, die Kinder in Entscheidungsprozesse mit einzubeziehen:

- Welchen Nachtisch soll es am Freitag geben?
- Wohin wollt ihr gern nächste Woche spazieren gehen?
- Welches Spielmaterial soll vom Spielgeld angeschafft werden?

Wachsen Sie gemeinsam mit den Kindern in die Partizipation hinein. Mit der Zeit wird es sicher gelingen, dass Sie Gruppensprecher einsetzen, Kinder-Finanzräte gründen oder Kinder-Berater einsetzen.

Partizipation: Konkrete Möglichkeiten zur Beteiligung von Kindern in Ihrer Kita

Nach Artikel 12 der UN-Kinderrechtskonvention sollen Kinder das Recht haben, an allen sie betreffenden Entscheidungen entsprechend ihrem eigenen Entwicklungsstand beteiligt zu werden. In der Kita kann dieses Kinderrecht in ganz hervorragender und gleichzeitig kindgerechter Weise verwirklicht werden. Lesen Sie hier, welche konkreten Möglichkeiten zur Beteiligung von Kindern sich in Ihrer eigenen Kita anbieten.

Wenn Sie die Kinder in Ihrer Kita kindgerecht in Entscheidungsprozesse einbeziehen möchten, sollten Sie „klein" anfangen und sich nach und nach steigern. So können Sie gemeinsam wachsen, denn gute Entscheidungen zu fällen will gelernt sein. Die Partizipation von Kindern schließt 3 Phasen ein:

1. Mitbestimmung
2. Mitwirkung
3. Mitgestaltung

Diese 3 Möglichkeiten bauen von der Mitbestimmung über die Mitwirkung bis hin zur Mitgestaltung aufeinander auf. Beginnen Sie bei der Umsetzung zunächst mit der Mitbestimmung.

1. Mitbestimmungsmöglichkeiten für Kinder

Es gibt unzählige Möglichkeiten für Kinder mitzubestimmen. Kitas, die noch wenig Erfahrung mit Partizipation haben, sollten den Kindern zunächst nur 2 Möglichkeiten zur Auswahl stellen. Diese Auswahlmöglichkeiten können Sie nach und nach erweitern.

Folgende Auswahlmöglichkeiten eignen sich für Kita-Kinder zur Mitbestimmung:

- Ein Mittagessen auf dem Speiseplan
- Ein Ausflugsziel, das die Kindergruppe als Nächstes besucht
- Ein bestimmtes Spiel, das für die Kinder vom Spielgeld für die gesamte Gruppe angeschafft wird
- Ein Leitthema, nach dem die Kinder Karneval feiern
- Ein Weihnachtsgeschenk, das die Kinder für ihre Eltern selbst töpfern

2. So gelingt die Mitwirkung in Ihrer Kita

Kinder empfinden Freude und Stolz, wenn sie in Tätigkeiten einbezogen werden, die normalerweise Erwachsene verrichten. Dabei lernen sie, Verantwortung zu übernehmen und bei einer Aufgabe mitzuhelfen und zu unterstützen.

Diese Aufgaben können Kinder in Ihrer Kita übernehmen:
- Blumenpflege
- Verantwortung für die Fische im Aquarium mit Füttern, Pflegen, Säubern
- Gartenbeete in der Kita bepflanzen, pflegen und gießen
- Mit der Erzieherin kleine Einkäufe tätigen
- Beim Kita-Flohmarkt Bücher und Spielsachen verkaufen, die die Einrichtung nicht mehr benötigt
- Spielsachen und Möbel reinigen

Tipp für Ihre Praxis: Erstellen Sie mit den Kindern in einer Gruppenbesprechung einen Plan, und fragen Sie die Kinder danach, ob und welche Aufgaben sie für eine festgelegte Zeit übernehmen möchten.

3. Mitgestaltung für Kinder

Für die Mitgestaltung gibt es in der Kita unzählige Möglichkeiten. Kinder können feste Aufgaben bei Veränderungsprozessen in der Kita übernehmen und verlässlich ausführen, z. B.
- den Eingangsbereich neu dekorieren,
- eine Wand bemalen,
- Kissen für die Puppenecke herstellen,
- eine neue Ecke in der Gruppe einrichten, z. B. eine Rollenspielecke, und
- den Gruppenraum nach eigenen Ideen umstellen.

Mit diesen Möglichkeiten gelingt die Partizipation auch in Ihrer Kita.

Partizipation in Ihrer Kita gelingt auch, wenn Sie 5 Grundregeln beachten.

Übersicht: 5 Grundregeln, damit die Partizipation gelingt
1. Die Mitbestimmung muss sich an der Lebenswelt der Kinder orientieren.
2. Geben Sie den Kindern den Entscheidungsspielraum ganz genau bekannt.
3. Stellen Sie nur solche Ideen zur Auswahl, hinter denen Sie und Ihr Team auch tatsächlich stehen können.
4. Fällen Sie die Entscheidung mit den Kindern gemeinsam.
5. Sorgen Sie dafür, dass die Entscheidungen für alle Kinder transparent sind.

Tipp für Ihre Praxis: Schreiben Sie diese Grundregeln für die Partizipation in Ihrer Kita auch in Ihrer pädagogischen Konzeption fest. Wichtig ist dabei auch, dass Sie diese Grundregeln mit allen neuen Mitarbeiterinnen besprechen und durchgehen.

Die folgende Tabelle zeigt Ihnen verschiedene Partizipationsmöglichkeiten, die auf das Alter von Krippen-, Kindergarten- und Hortkindern abgestimmt sind.

Tabelle: Partizipationsmöglichkeiten für Krippen-, Kita- und Hortkinder

Alter	Mitbestimmung	Mitwirkung	Mitgestaltung
Krippenalter: (unter 3 Jahren)	• Apfel oder Banane zur Zwischenmahlzeit • Drinnen oder draußen spielen • Rote oder grüne Tischdecke auf den Tisch	• Beim Aufräumen helfen • Den Boden kehren • Tische abwischen • Tische decken • Blumen im Garten gießen	• Puppenecke neu einräumen • Bauecke mit neuen Spielmaterialien bestücken • Fenster mit Fingerfarbe bemalen
Kindergartenalter: (3 bis 6 Jahre)	• Mittagessen für den kommenden Freitag auswählen • Entscheiden, ob ein neuer Ball oder ein Spiel für die Gruppe gekauft wird	• Beerensträucher und Erdbeerpflanzen ins Kita-Gartenbeet pflanzen • Die Setzlinge täglich 2-mal gießen • Den Geburtstagstisch für andere Kinder allein decken	• Schilder für die Gartenbeete selbst herstellen und bemalen • Schilder bei den Gartenpflanzen anbringen
Schulkindalter: (Ab 6 Jahren)	• Das Thema für die nächste Projektarbeit auswählen • Film auswählen, den die Kinder gemeinsam anschauen wollen • Abstimmen, ob ein Tischkicker oder ein Billard für den Hort gekauft werden soll	• Kinder bereiten die Abstimmungstafel für das Thema der Projektarbeit selbst vor • Artikel selbst herstellen, die beim Basar verkauft werden sollen • Kinder helfen beim Basarverkauf selbst mit • Kinder verkaufen Lose am Sommerfest	• Raum selbst herrichten, in den der Tischkicker gestellt werden soll • Raum als Jugendraum einrichten

Partizipation und Mitbestimmung - So gelingt Ihnen die Umsetzung Schritt für Schritt

Die Kinder in Ihrer Kita können in zahlreiche Entscheidungen mit einbezogen werden. Sie lernen durch diese demokratischen Strukturen für ihr ganzes Leben. Lesen Sie hier, wie Sie Mitbestimmung in Ihrer Kita gemeinsam mit den Kindern umsetzen können.

Kinder können lernen, ihre Meinung klar zu vertreten, wenn sie häufig danach gefragt werden. Mitbestimmung in der Kita hilft den Kindern, sich zu selbstbewussten Menschen zu entwickeln. Eröffnen Sie den Kindern dafür vielfältige Möglichkeiten. Der Gesprächsleitfaden auf dieser Seite unterstützt Sie dabei, die Mitbestimmung kindgerecht umzusetzen.

Es gibt zahlreiche Gelegenheiten in der Kita, bei denen Sie die Kinder um ihr Urteil bitten können, weil es sie und ihre Lebensumwelt betrifft, z. B.:

- ob die Kinder in der Gruppe oder auf dem Spielplatz spielen möchten
- welche neuen Spielmaterialien angeschafft werden sollen
- wie die Spielecken umgestaltet werden
- wie sich das Projekt weiterentwickeln soll
- wie der neue Raum nach den Wünschen der Kinder eingerichtet werden soll

1. Schritt: Erklären Sie den Kindern Ihr Vorhaben

Der Gesprächskreis in der Kita bietet sich an, um beispielsweise mit einer Kleingruppe von 8 bis 10 Kindern ein neues Vorhaben zu thematisieren. Vielleicht soll die Bauecke in der Kita umgestaltet werden, und die Erzieherin möchte die Kinder mit einbeziehen. Beschreiben Sie zunächst für die Kinder genau, worum es geht. Anschließend sollten Sie die Kinder fragen, ob sie ein solches Vorhaben bereits kennen, ob sie z. B. zu Hause schon einmal ihr Kinderzimmer mit einrichten oder einen Bereich davon umgestalten durften. Die Kinder werden sich gegenseitig von ihren Erfahrungen berichten. Danach sollten Sie das Gespräch beenden und die Situation zunächst erst einmal für ein bis 2 Tage ruhen lassen.

2. Schritt: Bitten Sie die Kinder um ihr Urteil

Ein bis 2 Tage später können Sie an Ihr Vorgespräch anknüpfen. Bitten Sie die Kleingruppe der 8 bis 10 Kinder wieder zum Gespräch. Wiederholen Sie kurz Ihr Vorhaben zur Neugestaltung der Bauecke, und fragen Sie die Kinder danach, wie es ihnen gefallen würde mitzubestimmen. Wenn die Kinder Ihrer Idee zustimmen, sollten Sie bald an die Umsetzung denken. Fragen Sie, ob die Kinder schon Wünsche haben, wie die Idee umgesetzt werden sollte.

Schauen Sie mit den Kindern in Spielwarenkatalogen Spiel- und Konstruktionsmaterial für die Bauecke an. So können Sie Kinder zunächst Ideen gewinnen und eine Vorstellung der verschiedenen Möglichkeiten entwickeln.

Legen Sie die Kataloge und weitere Anschauungsmaterialien aus, damit die Kinder untereinander darüber in den Dialog treten können und öfter auch einmal nachschlagen können.

Tipp für Ihre Praxis: Besonders praktische Anregungen erhalten Kinder, wenn Sie das Konstruktionsmaterial zunächst einmal ausprobieren können. Versuchen Sie einen Spielwarenverkäufer einer Firma zu sich in die Kita einzuladen, der unterschiedliches Material zum Ausprobieren mitbringt. Spreche Sie Ihr Vorhaben bereits im Vorfeld mit ihm ab und bitten Sie um sein Einverständnis. Manchmal ist es auch möglich, die Spielsachen einige Tage in der Kita zu testen.

Sammeln Sie die Vorschläge der Kinder. Schreiben Sie alle Vorschläge auf, und fertigen Sie eine kleine Zeichnung dazu an. Malen Sie z. B. die Regale auf, die Kinder zum Lagern des Baumaterials stellen möchten.

Zeichnen Sie den Teppich, auf dem die Kinder bauen wollen, und auch die unterschiedlichen Spiel- und Baumaterialien, die gewünscht werden. Diese Vorschläge sollten Sie aufhängen. So können die Kinder die Ideen immer wieder betrachten. Gemeinsam wählen Sie mit den Kindern schließlich diejenigen Vorschläge aus, die Sie umsetzen möchten.

Tipp für Ihre Praxis: Bitten Sie die Kinder abzustimmen, indem sie einen Punkt an den Vorschlag oder die Zeichnung malen, der ihnen am besten gefällt. Diese Punktabstimmung verstehen auch schon Kinder im Alter von 3 bis 6 Jahren gut. Zudem kann ein solches Punkturteil noch so lange im Gruppenraum hängen bleiben, bis die Kinder es ihren Eltern gezeigt haben.

Jede Reise beginnt mit dem ersten Schritt. Das gilt auch für die demokratischen Strukturen und die Mitbestimmung in Ihrer Kita.

Muster: Schritt-für-Schritt Argumentationshilfen zur Anregung von Mitbestimmung bei Kindern	
Gesprächs- oder Handlungsablauf	**Beispiel**
1. Vorhaben für die Kinder beschreiben	*„Wir brauchen unseren kleinen Abstellraum nicht mehr. Der Raum könnte von den Kindern genutzt werden. Könnt ihr euch vorstellen, ob ihr diesen Raum gebrauchen könnt?“*
2. Fragen, ob Kinder ein solches Vorhaben bereits kennen	*„Hat jemand von euch schon einmal ein Zimmer ausgeräumt und neu gestaltet oder neu eingerichtet?“*
3. Anregen eines Erfahrungsaustausches zwischen den Kindern zum jeweiligen Vorhaben	Die Kinder berichten von eigenen Umzügen oder vom Auszug des Vaters aus der elterlichen Wohnung.
4. Nachfragen, wie die Kinder das von Ihnen vorgestellte Vorhaben finden	*„Was haltet ihr von der Idee, dass das Zimmer für euch nach euren Wünschen eingerichtet wird?“*
Wenn die Kinder dem Vorhaben zustimmen: 5. An das Vorgespräch vom Vortag anknüpfen	*„Wisst ihr noch, was wir gestern besprochen haben?“*
6. Nach eigenen Ideen der Kinder fragen	*„Sagt mir eure Ideen und Wünsche! Ich schreibe sie auf.“*
7. Ideen notieren und im Gruppenraum aufhängen	---
8. Kinder wählen gemeinsam Vorschläge aus, die sie umsetzen möchten	*„Ihr habt viele Vorschläge geäußert, wie ihr den Raum nutzen wollt. Deshalb müssen wir eine Auswahl treffen. Was gefällt euch am besten? Das sollte jetzt einen Punkt von euch erhalten. Jedes Kind darf an die Idee, die ihm am besten gefällt, einen dicken Punkt zeichnen.“*

Das folgende Muster können Sie als Vorbereitungs- und Durchführungshilfe für Mitbestimmungsgespräche mit Kindern verwenden. Auch als Ergebnis-Protokoll eignet sich das Muster.

Notieren Sie einfach in die rechte Spalte die Ideen und Äußerungen der Kinder. Beschränken Sie sich dabei auf Stichpunkte. So sparen Sie Zeit und sind jedoch immer über den jeweiligen Gesprächsverlauf im Bilde. Auch Ihre Mitarbeiterinnen, die während des Gesprächs vielleicht nicht anwesend waren, können sich das Ergebnis-Protokoll rasch durchlesen und sind so immer auf dem ganz aktuellen Stand.

Muster: Vorbereitungs- und Durchführungshilfe für Mitbestimmungsgespräche

Ablauf	**Eigene Stichpunkte**	**Ideen und Äußerungen der Kinder**
Vorhaben schildern		
Kinder einbeziehen: *„Kennt ihr so etwas schon?" „Was könnt Ihr darüber berichten?"*		
Austausch zwischen den Kindern anregen: *„Wer kann eigene Erfahrungen dazu erzählen?" „Wie findet ihr das Vorhaben, das ich euch beschrieben habe?" „Sagt Eure Meinung?"*		
Die Ideen der Kinder aufgreifen: *„Welche Ideen und Wünsche habt ihr dazu?" „Was gefällt Euch?" „Was wollt ihr?"*		
Kinderideen aufschreiben und für alle Kinder sichtbar aufhängen		
Mit Kindern eine Auswahl treffen.	Abstimmungsmethode auswählen, mit der die Kinder abstimmen	
Gemeinsames Auszählen und allen Kindern das Resultat verkünden		

Mitbestimmung für Kinder ab 5 Jahren

Kinder entwickeln mit zunehmendem Alter immer mehr Selbstständigkeit. Ab 5 Jahren brauchen die Kinder zunehmend Freiräume und echte Herausforderungen, um sich altersgerecht entwickeln zu können. Mut und Selbstbewusstsein sind für ältere Kinder wertvolle Entwicklungsziele, zu denen eine kindgerecht umgesetzte Pädagogik wesentlich beitragen kann.

Nutzen Sie die folgenden Möglichkeiten, um Kinder ab 5 Jahren zu stärken und die Entwicklung zu selbstbewussten Persönlichkeiten effektiv zu begleiten.

Schenken Sie Vertrauen

Sagen Sie in passenden Situationen zu einem Kind: *„Ich vertraue dir."* Diese 3 Worte können im richtigen Moment wahre Wunder bewirken. Bringen Sie dem Kind jedoch kein blindes Vertrauen entgegen: Das Kind sollte die Regeln kennen und genau wissen, wie es Ihnen beweisen kann, dass Sie ihm zu Recht vertraut haben.

Praxisbeispiel: Gehen Sie mit einer kleinen Gruppe von ungefähr 6 Kindern zu einem nahe gelegenen Geschäft zum Einkaufen. Überlegen Sie gemeinsam, was die Kinder für den Obstsalat einkaufen sollen, der am Nachmittag zubereitet wird. Überschlagen Sie die Summe für die Zutaten, und statten Sie die Kinder mit Geld aus. Besprechen Sie, dass Sie neben den Einkäufen einen Kassenzettel erwarten und das Wechselgeld zurückhaben möchten. Sprechen Sie den Kindern gegenüber aus, dass Sie ihnen vertrauen und glauben, dass sie den Auftrag korrekt erledigen können. Warten Sie vor dem Geschäft, und bitten Sie die Kinder, die besprochenen Zutaten für den Obstsalat einzukaufen.

Schaffen Sie kindgerechte Entscheidungsspielräume

Lassen Sie die Kinder bei möglichst vielen Entscheidungen mitbestimmen. Nehmen Sie dabei die Einwände, Fragen und Bedenken der Kinder genauso ernst, als hätte eine Mitarbeiterin diese geäußert. So entwickeln die Kinder Selbstbewusstsein und fühlen sich angenommen und akzeptiert.

Mögliche Entscheidungsspielräume, die Sie den Kindern ab 5 Jahren zugestehen können, sind z. B.:

- Entscheidung, was vom Teilerlös des Sommerfestes angeschafft werden soll.
- Wahlmöglichkeit, ob das Kind im Turnraum oder draußen turnen möchte.

- Freiheit zu entscheiden, ob sich das Kind am Ausflug oder an bestimmten Angeboten beteiligen möchte.
- Mitbestimmungsmöglichkeit, wie ein Raum – z. B. die Verkleidungsecke – neu gestaltet werden kann.
- Entscheidungsfreiheit, wo sich das Kind in der Freispielzeit aufhalten möchte, z. B. in den Räumen oder am Außenspielgelände

Geben Sie Kindern ein Recht zum „Nein"

Thematisieren Sie mit den Kindern immer wieder, dass sie das Recht haben, „Nein" zu sagen. Erwachsene und auch andere Kinder sollten dieses „Nein" akzeptieren, wenn es vernünftig begründet werden kann. Kinder sollten so bald wie möglich folgende Regel lernen: *„Mein Wille zählt etwas!" „Meine Meinung wird respektiert!"*

Besprechen Sie mit den Kindern Folgendes:
- Niemand hat das Recht, dich anzufassen oder festzuhalten, wenn du das nicht möchtest.
- Kinder und auch Erwachsene sollten respektieren, wenn Kinder sagen: *„Nein, das will ich nicht."*

Sie stärken die Kinder, wenn Sie die Kinder zum Neinsagen ermutigen und in kleinen Rollenspielen mit den Kindern üben, wie sie sagen können: *„Nein, das will ich nicht!"*

Tipp für Ihre Praxis: Führen Sie einen „Nein-Tag" ein. An diesem Tag sollten Sie mit den Kindern verbindliche Regeln einführen, anhand derer die Kinder das Neinsagen üben dürfen. Regeln, die sich beim „Nein-Tag" bewähren, sehen Sie auf dieser Seite. Wiederholen Sie den „Nein-Tag" in regelmäßigen Abständen, z. B. einmal monatlich.
Manchmal ist es auch ratsam, zunächst mit einem halben „Nein-Tag" zu beginnen. Besonders dann, wenn viele Kinder bei der ersten Einführung des „Nein-Tags" erst 5 Jahre alt sind, ist es sicher günstig, nur einen halben Nein-Tag zu vereinbaren. In diesem Fall wird aus dem Nein-Tag ein Nein-Vormittag oder ein Nein-Nachmittag. Wenn die Kinder die Regeln gut verstanden haben, können Sie bei der Wiederholung einen ganzen „Nein-Tag" durchführen.

Erklären Sie den Kindern die Regeln für den „Nein-Tag" gründlich. Erklären Sie ihn, indem Sie den Kindern einige Beispiele nennen. So stellen Sie sicher, dass die Kinder den Tag ernst nehmen und nicht ins Lächerliche ziehen.

Starke Kinder haben ein natürliches Schutzschild, das sie vor Gefahren schützen kann. **Helfen Sie** mit, das **Schutzschild täglich zu vergrößern**.

Muster: Regeln für den „Nein-Tag"

Ziel des „Nein-Tags" ist es, dass Kinder ab 5 Jahren lernen können, wie sie begründet „Nein" sagen können, ohne andere zu verletzen oder die bestehenden Regeln außer Kraft zu setzen.

Regeln:

1. Jeder darf am „Nein-Tag" „Nein" sagen. Diese Regel gilt für dich und auch für uns Erzieherinnen.

2. Ein „Nein" zählt nur, wenn du das „Nein" so begründen kannst, dass der Grund verständlich ist.

Beispiel: Du darfst nicht einfach sagen: *„Nein, ich esse heute kein Mittagessen, weil ich keine Lust habe!"* Du kannst jedoch dein „Nein" so begründen: *„Nein, ich möchte heute kein Mittagessen essen, weil ich gleich nach dem Essen abgeholt werde. Meine Mama hat Geburtstag heute. Deshalb hört sie früher mit der Arbeit auf, und sie hat mich zum Pizzaessen eingeladen."*

3. Du darfst mit deinem Nein niemanden verletzen oder in Gefahr bringen.

4. Bestehende Regeln und Grenzen dürfen nicht angetastet werden (z. B. unsere Aufsichtspflicht).

Neue Ideen für Beteiligung und Mitbestimmung in der Kita

Praxisbeispiel: Der Spiele-Nachmittag in der Kita „Vogelnest" wurde von den Mitarbeiterinnen gut vorbereitet. Bei der Durchführung entsteht jedoch Unzufriedenheit bei Kindern und Erzieherinnen. Die Erzieherinnen sind enttäuscht, weil die Kinder sich etwas lustlos und ohne Begeisterung an den Spielen beteiligten. Die Kinder sind unzufrieden, weil sie niemand nach ihren Wünschen, ihrer Meinung und ihren Vorstellungen gefragt hat.

Dieses Beispiel zeigt eine typische Alltagssituation auf, wie sie sicher auch in Ihrer Kita vorkommen kann. Einer solchen Situation können Sie vorbeugen: Legen Sie gemeinsam mit Ihren Mitarbeiterinnen Möglichkeiten fest, wie Sie die Kinder mit einbeziehen möchten. Die folgenden Ideen garantieren Ihnen die Partizipation und Mitbestimmung der Kita-Kinder.

Eine Kindersprechstunde schafft Nähe

Als Leiterin können Sie die Kinder zu bestimmten Zeiten zu einer sogenannten Kindersprechstunde einladen. In der Sprechstunde haben Sie Zeit und ein offenes Ohr für die Kinder, die allein oder in kleinen Gruppen ihr Anliegen ansprechen wollen. Themen, die die Kinder in der Kindersprechstunde vorbringen könnten, sind beispielsweise:

- Wünsche an die Kita, an bestimmte Erzieherinnen oder an Sie persönlich
- Ideen zur Umgestaltung der Kita
- Einfälle für neue Projekte
- Anliegen persönlicher Natur, z. B. Unstimmigkeiten im Freundeskreis
- Probleme mit einer bestimmten Erzieherin
- Vorstellungen zur Gestaltung der Nachmittage
- Anregungen für die Freizeitgestaltung oder für Feste und Feiern

Notieren Sie sich die Ideen, Vorstellungen und Wünsche der Kinder. Gemeinsam mit den Kindern können Sie in einer Kinderkonferenz abstimmen, welche Sie verwirklichen und umsetzen möchten.

Tipp für Ihre Praxis: Gestalten Sie mit den Kindern gemeinsam ein Schild als Symbol für die Kindersprechstunde. Hängen Sie dieses Schild immer an Ihr Büro, wenn Sie eine Kindersprechstunde abhalten. So wissen alle Kinder immer darüber Bescheid.

Die Kinder wählen ein Parlament

In einer Kinderkonferenz wählen die Kinder aus ihren eigenen Reihen Vertreter ins Kinderparlament. Für eine Kindergruppe von 25 Kindern sollten 2 Kindersprecher ins Kinderparlament gewählt werden. Achten Sie darauf, dass vor der Wahl ins Parlament Wahlvorschläge aus jeder Altersgruppe bei Ihnen eingehen und Jungen und Mädchen in etwa gleich vertreten sind. So können Sie sicher sein, dass die unterschiedlichen Interessen der Kinder im Parlament gut repräsentiert und vertreten werden.

Tipp für Ihre Praxis: Wenn Sie eine geheime Wahl durchführen möchten, sollten Sie für die Wahl des Parlaments Stimmzettel vorbereiten. So können Sie sichergehen, dass die Kinder sich gegenseitig nicht beeinflussen. Weil nicht alle Kinder die Namen auf dem Stimmzettel lesen können, können Sie auch Fotos der Kinder einscannen und auf die Stimmzettel drucken. Die Wahl eines neuen Kinderparlaments sollte einmal jährlich stattfinden.

Die Kinder dürfen ihre Anliegen jederzeit mündlich an die einzelnen Vertreter des Kinderparlaments richten. Ihre Mitarbeiterinnen und Sie setzen sich 1-mal wöchentlich mit dem Kinderparlament zusammen und beratschlagen darüber, wie die Ideen und Wünsche der Kinder in den Alltag einfließen und in welcher Form die Kinder beteiligt werden können. Fertigen Sie von jedem Anliegen eine kurze Notiz an, damit Sie alle Anliegen der Kinder ernst nehmen können und keine Idee in Vergessenheit gerät. Eine Vorlage für eine solche Notiz sehen Sie im folgenden Text.

Tipp für Ihre Praxis: Gehen bei den Kindervertretern so viele Anliegen ein, dass sie sich diese nicht eine Woche lang merken können, ist folgendes Vorgehen ratsam: Die Kindervertreter dürfen jederzeit zu einer Erzieherin gehen und diese bitten, die Notiz mit dem Anliegen eines Kindes auszufüllen. Entsprechende Vorlagen sollten in jeder Gruppe vorrätig sein. Die Gesprächsnotiz bringen die Kindervertreter dann in das Kinderparlament mit.

Die Vorschläge, Anregungen und Wünsche, die von den Kindern an das Parlament gerichtet werden, sollten jedoch nicht von Ihnen und den Kindervertretern allein aufgegriffen und ausgeführt werden. Lassen Sie alle Kinder in einer Kinderkonferenz zunächst abstimmen, was sie von den Ideen halten. Die Kinder sollten selbst festlegen, welche Anregungen sie durchführen möchten. Beteiligen Sie die Kinder an der Umsetzung der Ideen. Interessierte Kinder können sich gemeinsam mit Erzieherinnen in Planungsgruppen zusammenfinden und die Ideen und Einfälle mit Ihrer Hilfe gemeinsam umsetzen.

Tipp für Ihre Praxis: Stellen Sie die Kindervertreter, die von den Kita-Kindern gewählt wurden für alle deutlich heraus. Hängen Sie z. B. ein Foto der Kinder auf und ergänzen Sie das Foto mit einem „Steckbrief", der die jeweiligen Kinder vorstellt. Mögliche Kriterien des Steckbriefes können sein: Name, Alter, Geschwister, Lieblingsessen, Hobbies, Lieblingstier, Lieblingsbuch...

Räumen Sie den Kindern Mitbestimmungs- und Mitsprachemöglichkeiten ein, dann werden sich die Kinder auch zahlreich beteiligen. Gehen Sie`s an: Die hohe Beteiligungsrate der Kinder bei Ihrer nächsten Aktion wird Sie sicher schon auf Anhieb überzeugen!

Muster: Formblatt für eine Gesprächsnotiz

Gesprächsnotiz für die Mitglieder des Kinderparlaments	
Trage hier deinen eigenen Namen ein:	Samira
Wann war das Gespräch?	Donnerstag, 13.06.
Welches Kind hat mit dir gesprochen?	Josuah
Worum ging es? Kreuze an:	
❑ Neue Ideen:	
☒ Spiel- oder Aktionsvorschläge: Josuah wünscht sich ein Fußballturnier mit seinen Freunden aus allen Gruppen in der Kita.	
❑ Anregungen für Projekte:	
❑ Vorschläge für Spiele:	
❑ Ideen für die Freizeit:	
☒ Meinungen zum Mittagessen: Johannes beklagt sich, dass das Essen oft nicht mehr warm genug ist.	
❑ Wünsche für neue Anschaffungen:	
❑ Kritik:	
❑ Probleme oder Sorgen:	
❑ Sonstiges:	

Schritt für Schritt: Kinder brauchen Regeln, damit die Partizipation gelingt

In jeder Kita sollte Partizipation großgeschrieben werden. Kitas sind für Kinder da. Deshalb brauchen Kinder eine Stimme, die in der Kita gehört wird. Mit diesen Schritten gelingt es Ihnen, Kinder mit einzubeziehen und Regeln gemeinsam zu erarbeiten. Die Schritte bauen aufeinander auf.

1. Schritt: Fragen Sie die Kinder nach ihrer Meinung

Kinder haben oft eine deutliche Meinung, wie das Zusammenleben in der Kindergruppe geregelt werden kann. Fragen Sie die Kinder danach, welche Regeln sie sich wünschen, an die sich die Kinder ihrer Gruppe z. B. beim Aufräumen der Spielbereiche halten.

Praxisbeispiel: Die Kinder der Kita „Weltkinder" haben 2 neue Fahrräder bekommen. Alle überlegen mit ihrer Erzieherin Gabi Schulze, wie die Fahrräder genutzt werden können, ohne dass Streit entsteht. Jelena meint: *„Wir könnten fragen, wer damit fahren will. Dann könnte Gabi die Namen aufschreiben, und immer 2 Kinder dürfen fahren."* Ludmilla schlägt vor: *„Die Kinder, die schon gefahren sind, werden durchgestrichen. Das ist dann gerecht."* Die Erzieherin schreibt alle Vorschläge der Kinder auf.

Folgende Fragen können Sie den Kindern stellen, um den Dialog und die Meinungsfindung zum Thema „Nutzung der neuen Fahrräder" anzukurbeln:

- Wie könnt ihr alle zusammen spielen, damit jeder zufrieden ist?
- Was hilft euch, damit ihr lernen könnt, wie ihr ohne Streit zurechtkommt?

Tipp für Ihre Praxis: Setzen Sie sich in Kleingruppen zusammen, und halten Sie die Vorschläge und Ideen der Kinder schriftlich fest. Arbeiten Sie auch mit Symbolzeichnungen, damit die Kinder die Aufzeichnungen nachvollziehen und später noch betrachten können.

2. Schritt: Lassen Sie alle Vorschläge zu

Kinder, die Ihre Fragen nach den Regeln beantworten, äußern erfahrungsgemäß zunächst, was sie nicht wollen. Es ist in diesem Schritt sehr wichtig, genau hinzuhören und alles zu notieren. Sie können zu einem späteren Zeitpunkt die Aussagen der Kinder drehen und ins Positive wenden. Die Kinder äußern beispielsweise:

- *„Niemand soll streiten."*
- *„Keiner darf schlagen."*
- *„Alle sollen miteinander spielen und teilen."*
- *„Keiner darf laut schreien."*

> **Tipp für Ihre Praxis:** Werten Sie die Äußerungen der Kinder weder positiv noch negativ. Fassen Sie nur zusammen, und stellen Sie Impulsfragen, wie z. B.: *„Was hilft euch weiter?" „Wie kann ich euch helfen?"*

3. Schritt: Diskutieren Sie die Vorschläge

Im nächsten Zusammentreffen wiederholen Sie mit den Kindern alle Vorschläge, die sie bislang eingebracht haben. Nun können Sie dazu übergehen, die Äußerungen der Kinder gemeinsam mit ihnen konkreter zu fassen.

Fragen Sie die Kinder:
- *„Ihr wünscht euch, dass keiner um die Fahrräder streitet. Glaubt ihr, dass das immer gelingt?"*
- *„Wie könnten wir alle mithelfen, dass es deswegen keinen Streit gibt?"*

So werden von den Kindern die ersten Regeln geäußert, z. B.:
- *„Jedes Kind muss fragen, bevor es ein Fahrrad benutzt."*
- *„Die Kinder, die schon gefahren sind, kommen erst am nächsten Tag wieder dran."*
- *„Wenn ein Kind wütend wird und streitet, dann macht es eine Fahrradpause."*

4. Schritt: Wählen Sie die Regeln gemeinsam aus

Schreiben Sie alle Regeln auf ein großes Plakat. In einer erneuten Zusammenkunft mit den Kindern lesen Sie die festgehaltenen Regeln noch einmal vor. Nun sollten die Kinder eine vorbestimmte Anzahl von Regeln auswählen, die in der nächsten Zeit in der Gruppe als verbindliche Kinderregeln für das Fahrradfahren gelten.

> **Tipp für Ihre Praxis:** Lassen Sie die Kinder maximal 5 Regeln auswählen. Mehr Regeln behalten die Kinder nicht dauerhaft im Gedächtnis. Jedes Kind erhält 5 Klebepunkte, die es an diejenigen Regeln klebt, die es für besonders wichtig hält.

Neben den Kinderregeln kann es natürlich auch weitere Regeln geben, die von den Erzieherinnen aufgestellt werden, wenn diese das für nötig halten. Die Regeln der

Kinder sind nicht fix. Sie gelten, solange sie nötig sind und das Zusammenleben gut klappt. Die Regeln sollten so lange beibehalten werden, wie sie sich bei den Kindern bewähren.

Muster: Formblatt für die Regeln, die von den Kindern selbst bestimmt wurden	
Name der Kita:	Datum:
Die folgenden 5 Regeln wurden von den Kindern der Kita selbst ausgewählt.	
1. Regel:	
2. Regel:	
3. Regel:	
4. Regel:	
5. Regel:	
Alle Kinder halten sich ab sofort an diese selbst erstellten Regeln. Hier ist Platz für die Unterschrift aller Kinder:	

„*Was wünscht ihr euch denn?*" So gelingt eine Befragung

Kinder äußern im Gegensatz zu Erwachsenen ihre Ideen meist unmittelbar und ganz spontan. Sie lassen sich dabei oft von jahreszeitlichen Bedingungen leiten, von Feiern im Jahreslauf oder auch von ganz individuellen Befindlichkeiten oder Lebenssituationen zu Hause. Lesen Sie hier, wie Sie die Kinder zu ihren Wünschen, Ideen und sie interessierenden Themen befragen, und stimmen Sie die Projektangebote darauf ab.

Kinderbefragung als Methode

Manchmal interessieren sich einige Kinder für die Themen „Schwangerschaft" und „Geburt eines Babys", weil sie die Schwangerschaft der Mutter eines Kindes aus ihrer Gruppe neugierig beobachten. Auch der Zirkus, der sich in der Stadt niederlässt, der Zauberer, der auf der Kita-Party seine Künste zeigt, oder die Suche nach Superstar oder Supermodel können Kinder auf Ideen bringen und ihr Interesse wecken.

Erstellen Sie eine Kinderbefragung, wenn Sie erkennen möchten, was die Kinder derzeit bewegt und welche Fragen und Ideen sie verfolgen. Nach der Auswertung können Sie die Mehrheitsmeinung der Kinder in einem gemeinschaftlichen Projekt oder als Inspirationsthema für eine Kleingruppe umsetzen.

Eine Kinderbefragung ist auch bei Kindergartenkindern eine sehr geeignete Methode, um die aktuellen Themen der Kinder zu erkennen und in die täglichen pädagogischen Angebote zu integrieren. Nutzen Sie das Muster der Kinderbefragung, wenn Sie Ideen, Vorstellungen oder Projektwünsche von den Kindern erfahren möchten.

Dokumentieren Sie schriftlich

Die Muster-Kinderbefragung sollten Sie schriftlich durchführen. So können Sie die Ergebnisse evaluieren und in Ihre Planung mit einbeziehen.

> **Tipp für Ihre Praxis:** Auch mit Kindern, die noch nicht lesen und schreiben, können Sie diese Befragung durchführen. Helfen Sie diesen Kindern, indem Sie diese interviewen. Ihre Angaben können Sie auf dem Fragebogen notieren. Eine Kinderbefragung eignet sich für Kinder ab ca. 4 Jahren.

Kinder ab der 2. Klasse können die Befragung bereits selbstständig ausfüllen. Kinder unter 7 Jahren brauchen zum Ausfüllen die Hilfe von Erzieherinnen oder älteren Schulkindern, die sie unterstützen.

Ideen von den Kindern einfordern

Entscheidend ist es, wie es Ihnen gelingt, die Ideen der Kinder aufzugreifen und in Ihre pädagogische Planung einfließen zu lassen. Wo liegt das Interesse der Kinder? Geht das überhaupt, Kinder in die Planung mit einzubeziehen? Sind die Experten für die pädagogische Arbeit nicht Sie und Ihre Kolleginnen? Ja, genau so ist es, und deshalb ist es besonders wichtig, dass Sie Ihre Pädagogik am kindlichen Horizont orientieren.

Führen Sie eine Kinderbefragung auf alle Fälle schriftlich durch. Nur so erhalten Sie von den Kindern ein unbefangenes und nicht beeinflusstes Urteil. Die schriftliche Befragung können Sie zudem leichter auswerten als eine mündliche Befragung.

Genügend Zeit einplanen

Nehmen Sie sich für die Kinderbefragung ungefähr eine Woche Zeit. So können Sie sich immer wieder mit einem Kind in den Nebenraum zurückziehen und Ihre Fragen stellen und die Antworten des Kindes direkt mit notieren.

Wenn Sie in Zeitnot sind, können Sie jeweils einem Kind nach dem anderen die Fragen vorlesen und die Antworten der Kinder auf Tonträger aufnehmen. Achten Sie jedoch immer darauf, dass Sie die Antworten des Kindes schnellstmöglich nach der Befragung auf einen Auswertungsbogen übertragen.

Wichtiger Hinweis! Geben Sie die Kinderbefragung unter keinen Umständen mit nach Hause. Die Eltern könnten die Kinder beeinflussen, lenken und ihnen so ihren eigenen Willen aufdrängen. Dann wäre den Kindern kein unbefangenes Urteil mehr möglich.

Je mehr es Ihnen gelingt, die Kinder in Ihre Planung mit einzubeziehen, desto intensiver und interessierter werden die Kinder an der Umsetzung mitarbeiten und entsprechende Lernerfahrungen machen. Eine Befragung der Kinder ist ein wichtiger erster Schritt, der Ihnen und Ihren Mitarbeiterinnen viele wertvolle Impulse über die Ideen der Kinder gibt.

Mit einer Kinderbefragung nach diesem Muster können Sie Ihre Bildungsangebote direkt am kindlichen Horizont orientieren und die Wünsche der Kinder eins zu eins umsetzen. Alle Kinder werden die Angebote und Projekte sehr gerne annehmen und umsetzen, denn Sie richten sich direkt an den kindlichen Bedürfnissen aus.

Muster: Kinderbefragung zu Themen für Ihre pädagogische Planung

Kinderbefragung der Kita „Schwanenteich“

1. Gibt es etwas, was dich im Moment besonders interessiert?

☒ Ja ☐ Nein

Falls „Ja“, was ist das genau?

Tiere und Bauernhof

2. Du darfst mitbestimmen, was in der nächsten Zeit das Thema bei uns ist: Welches Thema möchtest du vorschlagen?

Thema Bauernhof: Arbeiten des Bauern, Maschinen für die Arbeit, Tiere, die auf dem Bauernhof leben

3. Findest nur du das Thema gut, oder interessieren sich deiner Meinung nach auch noch andere Kinder dafür?

☒ Ja ☐ Nein ☐ Weiß ich nicht

Falls „Ja“, wer?

Marina, Moritz, Sabine, Regine

3a) Was meinst du: Was mögen die Mädchen an deinem Thema?

Tiere, die auf dem Bauernhof leben

3b) Was spricht die Jungen an?

Maschinen, Traktoren und Fahrzeuge auf dem Bauernhof, Technik und alle Arbeiten, die der Bauer verrichtet

4. Hast du Ideen, was wir bei deinem Wunschthema ansprechen, betrachten und beobachten sollten?

☒ Ja ☐ Nein

Falls „Ja“, was?

Traktor auf dem Bauernhof fahren

Vielen Dank für deine Mithilfe!

Wenn du möchtest, kannst du hier deinen Namen angeben:

Kinder an die Macht! - So gelingt die Kinderkonferenz in der Kita

Machen Sie die Kinderkonferenz in Ihrer Kita zum Thema. Mitarbeiterinnen, Kinder und Eltern sollten über Sinn und die Vorteile von Kinderkonferenzen im Bilde sein. Die Regeln der Kinderkonferenz sollten alle Kinder und Mitarbeiterinnen kennen und befolgen. Wenn Sie nun noch einen regelmäßigen Platz in der Woche für Ihre Kinderkonferenz finden, dann hat sich dieses Mitbestimmungs- und Planungsgremium sicher bald etabliert.

Klären Sie die Regeln im Team

Ihre Mitarbeiterinnen müssen die Regeln der Kinderkonferenz kennen und sie konsequent einhalten. Das gelingt am besten, wenn Erzieherinnen gemeinsam sinnvolle Regeln aufstellen und schriftlich festhalten. Die Tabelle in diesem Beitrag hilft Ihnen weiter.

Tipp für Ihre Praxis: Die Mitarbeiterinnen sollten sich dabei immer am Entwicklungsstand, am Alter und an den Fähigkeiten derjenigen Kinder orientieren, die aktuell die Kita besuchen. Das bedeutet auch, dass sich die Regeln jährlich ändern können und immer neu überprüft werden muss, ob sie noch stimmig sind und für die derzeitig anwesenden Kinder passen. Werfen Sie also zu Beginn jedes Kita-Jahres einen neuen Blick auf Ihre Regeln.

Schaffen Sie optimale Bedingungen, damit die Konferenz gelingen kann

Wählen Sie für die Kinderkonferenz einen Raum aus, in dem alle Kinder bequem Platz finden, ohne sich gegenseitig zu stören. Die Kinderkonferenz sollte niemals länger als 15 bis 20 Minuten dauern. Bei Kindern im Alter von 3 bis 6 Jahren reichen auch 10 bis 15 Minuten.

Wählen Sie die Zeit für die Kinderkonferenz so aus, dass Störungen, z. B. durch abholende Eltern, so gut es geht ausgeschaltet werden. Die Kinder sollten vor jeder Konferenz immer Gelegenheit zum bewegungsintensiven freien Spiel haben. So können die Kinder sich besser auf die Inhalte in der Kinderkonferenz konzentrieren.

Die bewegungsintensive Zeit vor der Kinderkonferenz sorgt für eine längere Konzentrations- und Aufmerksamkeitsspanne bei den KIta-KIndern.

Führen Sie die Kinderkonferenz wirkungsvoll ein

Wenn Sie Kinderkonferenzen einführen möchten, sollten Sie sich gemeinsam mit Ihrem Team ein Thema überlegen, das die Kinder berührt und stark interessiert. Auch Inhalte, bei denen die Kinder mitgestalten oder abstimmen dürfen, eignen sich sehr gut. Denn durch eine Abstimmung erleben die Kinder direkt den demokratischen Aspekt und ihre eigene Selbstwirksamkeit.

> **Praxisbeispiel:** Leander erzählt seiner Mutter zu Hause beim Abendessen ganz begeistert: *„Morgen machen wir in der Kita alles, was ich will! Wir haben heute in der Kinderkonferenz selbst bestimmt, was mir machen wollen. Und ich habe für Entenfüttern gestimmt. Entenfüttern hat gewonnen. Super, nicht?"*

Wählen Sie kindgerechte Punkte für die Tagesordnung

Wenn Sie Kinderkonferenzen bei den Kindern Ihrer Kita einführen möchten, sollten Sie eine kindgerechte Tagesordnung wählen. Anfangs werden die Kinder mehr zuhören, mit der Zeit gewinnen die Kinder Sicherheit, und damit steigt auch die Gesprächsbeteiligung der Kinder. Eine Muster-Tagesordnung für die Einführungsphase kann beispielsweise folgendermaßen aussehen:

- Begrüßung der Kinder
- Vorstellen des neuen Spielmaterials für die Bauecke
- Ideensammlung: Was soll vom Spielgeld für die Kinder angeschafft werden?
- 2 Ausflüge zur Auswahl für die Kinder
- Beantworten der Fragen der Kinder
- Anhören der Kinder: Lob und Kritik aus Kindersicht, Beschwerden der Kinder
- Dank an die Kinder und Verabschiedung der Kinder

Kinderkonferenzen zeigen den Kindern, wie wichtig ihr Urteil und ihre Meinung in der Kita sind. Sie werden in höchstem Maße ernst genommen. Sinnbildlich heißt es dann auch in Ihrer Kita: *„Kinder an die Macht!"*

> **Tipp für Ihre Praxis:** Mögliche Regeln für eine gelingende Kinderkonferenz sind äußerst wichtig. Übernehmen Sie die für Ihre Kinder in der Kita passenden Regeln, und ergänzen Sie gemeinsam mit Ihren Mitarbeiterinnen solche, die Ihnen noch fehlen. Das Muster im Anschluss hilft Ihnen bei der Einführung von passenden Regeln für Ihre Kinderkonferenzen in der Kita.

Muster: Exemplarische Regeln, damit Ihre Kinderkonferenz gelingt
Regeln für die Kinderkonferenz
Die Kinderkonferenz findet in unserer Kita regelmäßig 1- bis 2-mal in der Woche statt.
Alle an dem Tag anwesenden Kinder und Erzieherinnen nehmen an der Kinderkonferenz teil.
Unser Redezeichen in der Kinderkonferenz ist ein Redestab.
Sprechen darf nur derjenige in der Kinderkonferenz, der das „Redezeichen" in der Hand hat.
Wenn ein Kind oder eine Erzieherin in der Kinderkonferenz spricht, hören alle Kinder ihm bzw. ihr zu.
Eine Erzieherin moderiert die Kinderkonferenz.
Bei Abstimmungen in der Kinderkonferenz zählt jede Stimme gleich viel.
Erzieherinnen stimmen nicht mit ab, um die Kinder nicht zu beeinflussen.
Jeder darf in der Kinderkonferenz seine eigene Meinung sagen, ohne andere zu verletzen.
Bei Abstimmungen zählt der Mehrheitsentscheid.
Das Ergebnis der Abstimmung ist ohne Einschränkung gültig.

Wer die Wahl hat, hat die Qual: Abstimmungsmethoden in der Kita

In Kinderkonferenzen kommt es häufig vor, dass Kinder die Wahl haben. Sie dürfen mitbestimmen und können deshalb ihren Standpunkt, ihre Vorlieben und Vorstellungen nennen. Doch für Kita-Kinder sollten Sie immer genau überlegen, welche Abstimmungsmethoden Sie auswählen.

Abstimmung per Handzeichen

Wenn es schnell gehen muss, ist das Abstimmen per Handzeichen eine gute Wahl. Sie stellen eine Frage an die Kinder, und diejenigen, die zustimmen, melden sich mit Handzeichen.

Praxisbeispiel: Die Erzieherin möchte wissen, wer einen Obstsalat zubereiten möchte. Sie fragt die Kinder und bittet alle Kinder, sich zu melden, die beim Obstsalat mithelfen möchten.

Diese Abstimmung mittels Handzeichen stellt für viele Kinder jedoch eine Überforderung dar. Sie werden keine wirklich transparente Meinung der Kinder über ein Handzeichen erhalten, denn die Gefahr der gegenseitigen Beeinflussung ist bei dieser Abstimmungsmethode besonders hoch.

Praxisbeispiel: Kevin meldet sich, weil er zum Entenfüttern gehen möchte. Sein Freund Max hat noch keine klare Meinung, wofür er stimmen möchte. Max sieht, dass Kevin sich meldet. Deshalb meldet er sich auch.

Besonders Kinder, die jünger sind als 6 Jahre, verlieren schnell den Überblick bei dieser Abstimmungsmethode. Viele Kinder melden sich mehrfach und verfälschen damit das Ergebnis der Abstimmung.

Praxisbeispiel: Lena findet Entenfüttern gut, deshalb meldet sie sich und stimmt für das Entenfüttern. Auch Obstsalat zuzubereiten mag Lena sehr. Deshalb meldet sie sich auch ganz eifrig bei der Obstsalat-Zubereitung.

Abstimmung mit den Füßen

Die Abstimmung mit den Füßen ist für Kinder leicht verständlich. Mengen und Zahlenverhältnisse werden von den Kindern gut verstanden, denn sie sehen bildlich, wo viele und wo wenige Kinder stehen.

Praxisbeispiel: Die Kinder dürfen abstimmen, was sie am Freitag tun wollen. Es findet eine Abstimmung statt, ob sie zum Entenfüttern gehen möchten oder lieber gemeinsam einen Obstsalat zubereiten. Eine Erzieherin hat 2 Plakate gemalt: Auf dem einen Plakat ist der Obstsalat gemalt, auf dem 2. Plakat sind Enten abgebildet.

Die Erzieherin hängt die Plakate in den Turnraum in 2 gegenüberliegende Ecken. Nach der Erklärung dürfen die Kinder loslaufen und sich zu ihrer Lieblingsidee stellen. Eine

Erzieherin zählt die Kinder laut durch. Nun beraten sich die Kinder, wo mehr Kinder stehen und welche Aktion deshalb gewonnen hat.

Auch bei dieser Abstimmungsmethode ist die Gefahr der gegenseitigen Beeinflussung hoch. Kinder tendieren dazu, sich dorthin zu platzieren, wo auch der Freund oder die Freundin hingeht.

Punktabstimmung

Bei der Punktabstimmung geben die Kinder ihr Urteil mit Klebepunkten ab. Stellen Sie beispielsweise ein Projekt zur Auswahl, erhält jedes Kind eine Stimme in Form eines Klebepunktes. Auf einer Abstimmungswand sind alle unterschiedlichen Projekte plakatiert, die zur Auswahl stehen. Die Projekte werden im Rahmen einer Kinderkonferenz für alle Kinder vorgestellt. Anschließend dürfen alle Kinder mit ihrem Klebepunkt zur Abstimmungswand kommen und ihren Punkt an das Projekt kleben, das sie auswählen möchten.

Nach der Abstimmung helfen die Kinder mit, die Klebepunkte zu zählen. Damit steht fest, welches Projekt die meisten Stimmen erhalten hat und durchgeführt werden kann.

Tipp für Ihre Praxis: Die Punktabstimmung eignet sich auch dann, wenn die Kinder mehrere Stimmen abgeben, weil beispielsweise ein Ferienplan mit mehreren Ausflügen ausgewählt werden soll. Die Kinder erhalten dann so viele Klebepunkte, wie Ausflüge abgestimmt werden sollen.

Anonyme Abstimmung über Stimmzettel

In der Kita gibt es immer wieder Anlässe, bei denen Sie auch eine anonyme Abstimmung anwenden können. Die Wahl der Gruppensprecher oder der Vertreter des Kinderparlaments können z. B. solche Anlässe sein, bei denen sich eine anonyme Abstimmung anbietet. Sie sollten sich im Vorfeld Gedanken über die nötige anonyme Abstimmung machen. Besonders, wenn Kinder noch nicht lesen Können, ist es wichtig, sich eine praktikable Idee auszudenken.

Fertigen Sie in einem solchen Fall Stimmzettel an, auf denen die Namen der zur Wahl stehenden Gruppensprecher stehen. Jedes Kind erhält einen Stimmzettel und darf darauf ankreuzen, wen es wählen möchte.

Tipp für Ihre Praxis: Wenn die Kinder, die anonym abstimmen möchten, noch nicht lesen können, so können Sie mit Fotos oder Bildern arbeiten, die die Schrift auf dem Stimmzettel unmissverständlich verdeutlichen.

Abstimmung mit Gegenständen

Eine selbst erklärende und besonders bildhafte Form der Abstimmung für Kinder ist die Abstimmungsmethode mit Gegenständen. Legen Sie dazu die verschiedenen Projektbilder, die die Kinder auswählen können, in die Mitte des Raumes, in dem die Kinderkonferenz abgehalten wird. Legen Sie Gegenstände für die Abstimmung in kleinen Körbchen bereit. Zur Abstimmung eignen sich besonders gut:

- Muggelsteine
- Kleine Kieselsteine
- Tannen-, Fichten- oder Lärchenzapfen
- Holzperlen
- Glasperlen
- Murmeln
- Holzstäbchen
- Farbige Pappplättchen

Nach der gründlichen Erklärung der Projekte dürfen die Kinder sich einen Gegenstand aus dem bereitgestellten Körbchen nehmen. Diesen Gegenstand legt jedes Kind auf das Projektplakat seiner Wahl.

Praxisbeispiel: Die Kinder der Kita „Rabenvögel" haben in der Kinderkonferenz diskutiert, was vom Spielgeld gekauft werden soll. In die engere Auswahl kamen Fußballtore, Inlineskates und Fahrräder für die Kinder. In der nächsten Kinderkonferenz wollen die Kinder darüber abstimmen, was gekauft werden soll. Fotos von den 3 Gegenständen werden bis zur nächsten Konferenz vorbereitet.

In der Kinderkonferenz nimmt sich jedes Kind einen Kieselstein aus dem Körbchen und legt ihn auf das Foto mit dem Gegenstand seiner Wahl. Nachdem alle Kinder ihren Kieselstein platziert haben, zählt die Erzieherin mit den Kindern die Steine. Als Ergebnis steht bald fest: Die Fußballtore haben 27 Steinchen, die Inliner erhalten 14 Steine, und die Fahrräder werden von 35 Kindern gewünscht. Somit steht fest, dass in der Kita die Kinderfahrräder vom Spielgeld angeschafft werden.
Abstimmungsmethoden wollen sehr gut bedacht und ausgewählt werden. Mit der richtigen Abstimmungsmethode wird jede Auswahl zum Erfolg.

Tabelle: Gegenüberstellung der verschiedenen kindgerechten Abstimmungsmethoden

Abstimmungsmethode	Vorteile	Nachteile	Geeignet für
Handzeichen	• Keine Vorbereitung • Schnell durchführbar • Rasch ausgezählt • Abstimmung kann spontan durchgeführt werden	• Verwirrend für jüngere Kinder • Kein unbefangenes Urteil • Freunde können ablenken und beeinflussen • Abstimmungsergebnis ist nicht dauerhaft einsehbar	Kinder ab 6 Jahren Abstimmungen mit wenigen Abstimmungspunkten
Mit den Füßen abstimmen	• Schnell umsetzbar • Keine Vorbereitung • Schnell ausgezählt • Abstimmung kann spontan durchgeführt werden	• Freunde können ablenken und beeinflussen • Abstimmungsergebnis ist nicht dauerhaft einsehbar	Kinder ab 4 Jahren
Punkturteil	• Abstimmungsergebnis kann für die Eltern ausgestellt werden • Ergebnis ist dauerhaft sichtbar • Schnell durchführbar	• Abstimmung muss vorbereitet werden • Abstimmung kann nicht spontan durchgeführt werden • Freunde können beeinflussen	Kinder ab 4 Jahren
Stimmzettel	• Anonyme Abstimmung möglich • Kinder fühlen sich sehr ernst genommen	• Vorbereitungsintensiv • Abstimmung kann nicht spontan durchgeführt werden • Ergebnis ist nicht dauerhaft sichtbar	Kinder ab 5 Jahren
Abstimmung mit Gegenständen	• Urteil ist dauerhaft sichtbar • Kinder können nacheinander abstimmen • Gefahr der Beeinflussung ist gering	• Abstimmung kann nicht spontan durchgeführt werden • Vorbereitung ist nötig	Kinder ab 3 Jahren

Gemeinsam planen bringt Erfolg: Kinderplanungsgruppen

Zur Partizipation und Beteiligung gehört die gemeinsame Planung mit den Kindern dazu. Denn wenn sich die Kinder für einen bestimmten Schwerpunkt entschieden haben, ist es wichtig, sie auch in die Umsetzung möglichst vieler Vorhaben mit einzubeziehen. Die Umsetzung rundet das Vorhaben ab und zeigt den Kindern, wie sie ihre eigenen Ideen realisieren können.

Kinderplanungsgruppen übertragen Verantwortung auf die Kinder

Die bewusste Einbeziehung der Kinder gelingt Ihnen in der Kita besonders gut mit Kinderplanungsgruppen. Fragen Sie die Kinder regelmäßig, wer von ihnen gern einen bestimmten Teil des Projekts für die Gesamtgruppe vorbereiten möchte. Kinder lernen in Planungsgruppen

- die Übernahme von Verantwortung
- Sammeln eigener Ideen
- Akzeptieren anderer Vorstellungen
- gemeinsames Arbeiten im „Kinderteam“
- Organisieren
- Vorbereiten
- Durchführen von Aktionen

Praxisbeispiel: In der Kita „Wichtelhausen“ soll ein großes Wasserfest für Kinder gefeiert werden. Das Wasserfest bildet den Beginn des Wasserprojekts, für das die Kinder sich gemeinsam entschieden haben. 12 Kinder haben sich freiwillig gemeldet, um mit 2 Erzieherinnen das Wasserfest zu planen. Zunächst sammeln die Kinder Ideen. Ein Teil der Kindergruppe kümmert sich um die Vorschläge für die Spiele, die andere Hälfte der Gruppe überlegt sich Aktionen, die alle Kinder beim Wasserfest nutzen können.

Die Spielegruppe einigt sich auf 3 Spiele zum Wasserfest:

- Kerzen auslöschen mit Wasserspritzen
- Wettgurgeln
- Angeln

Die Aktionsgruppe findet 3 Aktionen, die beim Wasser fest für die Kinder bereitstehen:

- Wasserrutschen auf einer großen wasserfesten Folie
- Wasserduschen
- Wassertreten im Planschbecken

Planungsgruppen eignen sich besonders für Aktionen, die für alle Kinder durchgeführt werden und die von kurzer Dauer sind, z. B.
- Faschingsfeier
- Spielstraße beim Sommerfest
- Erlebnisnachmittag in der Kita
- Spielzeugtag in der Kita
- Ferienaktion
- Kita-Ausflug
- Gestaltung der Übernachtungsparty der Vorschulkinder
- Projektauftakt oder
- Projektende

Kinderplanungsgruppen: Von der Idee bis zur Durchführung

Gehen Sie schrittweise vor: Fragen Sie die Kinder zunächst in der Kinderkonferenz, wer eine Aktion für die anderen Kinder vorbereiten möchte.

1. Schritt: Begleiten Sie die Planungsgruppe

Vorab legen Sie im Team mindestens 2 Erzieherinnen fest, die die Planungsgruppe von der Planung bis zur Durchführung verbindlich begleiten. Das ist besonders wichtig, denn die Erzieherinnen wissen über den Stand der Planung Bescheid, und sie können mit den Kindern nahtlos an die jeweils vorangegangene Planungssitzung anknüpfen.

2. Schritt: Kinder wählen Ideen aus

Sammeln Sie beim ersten Treffen die Ideen der Kinder. Bewerten Sie die Ideen nicht selbst. Halten Sie vielmehr die Vorschläge der Kinder auf einer großen Tafel oder auf einem Flipchart schriftlich fest. Bitten Sie die Kinder, die besten Ideen auszuwählen. Folgende Möglichkeiten kommen in Betracht:
- Auswahl durch Diskussion
- Wahl über Punktabstimmung
- Abstimmung über Handzeichen
- Jedes Kind darf eine Idee auswählen

3. Schritt: Untergruppen kümmern sich um einzelne Schwerpunkte

Danach teilen Sie die Kinder in 2 oder 3 Gruppen ein, die sich um die Planung der Umsetzung der einzelnen Inhalte kümmern. Fragen Sie die Kinder am besten, wobei sie selbst gern mitwirken möchten. Manche Kinder möchten sich um die Verpflegung kümmern, anderen wollen Spiele vorbereiten, oder wieder andere Kinder möchten die Dekoration des Raumes übernehmen.

Tipp für Ihre Praxis: Planungsgruppen arbeiten besonders erfolgreich, wenn Sie mit den Kindern kleine Hausaufgaben vereinbaren, z. B.: *„Bringt bis zu unserem nächsten Treffen einen Spielvorschlag mit."* Oder: *„Fragt nach einem Rezept für ein Getränk, das Kinder lieben."*

4. Schritt: Die Gruppen fügen ihr Ergebnis zusammen

Vor der Durchführung treffen sich die Untergruppen noch einmal. Sie stellen sich gegenseitig vor, was sie geplant haben. Bei der Durchführung der Aktion werden die Kinder von den Erzieherinnen begleitet und intensiv unterstützt. Jede Untergruppe kümmert sich bei der Durchführung um ihren eigenen Bereich und führt ihn mithilfe der Erzieherin durch.

Tipp für Ihre Praxis: Nach der Durchführung sollten die Kinder der Planungsgruppe in der Kinderkonferenz von allen Kindern für ihre Mühe gewürdigt und gelobt werden. Die Kinder haben ein Feedback und mindestens einen großen Applaus verdient.

So können mit Hilfe und Unterstützung der Kinder Feste, Feiern und besondere Aktionen besonders kindgerecht durchgeführt werden. Die Kinder, die sich an der Planungsgruppe beteiligen, lernen bereits im Planungsprozess eine ganze Menge. Und die Kinder, die die Feier genießen, fühlen sich durch die Ideen der planenden Kinder besonders gut vertreten. So geplante Feiern und Aktionen kommen in der Kita immer gut an.

Mein Fazit:

Kinder, die in ihrer Kita Partizipation und Mitbestimmung erleben, lernen dadurch für ihr ganzes Leben. Die Kinder fühlen sich ernst genommen, und sie entwickeln ein starkes Selbstbewusstsein. Solchen Kindern gelingt es, eigene Ideen zu entwickeln sowie ihre Meinung zu äußern und diese auch Kindern und Erwachsenen gegenüber adäquat zu vertreten.

Auch Erzieherinnen kommen immer wieder in die Lage, dass sie ihre Meinung Eltern gegenüber adäquat vertreten müssen. In jeder Kita kommt es gelegentlich zu Konflikten mit Eltern. Deshalb sollte jede Ihrer Mitarbeiterinnen über ein Rüstzeug verfügen, Konflikte mit Eltern professionell zu lösen.

2. Teil

Konfliktgespräche mit Eltern führen

Wie Sie Konfliktgespräche mit Eltern sicher führen!

Erkennen von Konflikten

Konflikte gehören zum Alltag. Sie entwickeln sich da, wo Menschen miteinander in Beziehung treten. Sie kennen Konflikte auch aus Ihrem Berufsleben. Denn gelegentlich gestaltet sich ein Elterngespräch sehr schwierig, vor allem dann, wenn unterschiedliche Meinungen und Positionen aufeinandertreffen.

Definition

Konflikte sind Spannungssituationen,

- in denen mindestens 2 Parteien,
- die voneinander unabhängig sind,
- nach ihren eigenen Zielen und Interessen handeln
- und mit Nachdruck versuchen,
- scheinbar unvereinbare Ziele und Interessen durchzusetzen.

Konflikte bewegen sich auf unterschiedlichen Ebenen. Stellen Sie zunächst fest, auf welcher Ebene sie liegen.

1. Organisationsebene

Die Anlässe für solche Konflikte liegen innerhalb Ihrer Kindertageseinrichtung. Der Anlass kann in äußeren Bedingungen liegen, Ihre einrichtungsinterne Koordination oder die Arbeitsabläufe betreffen. Angenommen, in Ihrer Einrichtung gibt es eine Kinderkrippe und einen Kindergarten. Der Kindergarten hat eine wesentlich längere Öffnungszeit, weil er über mehr Personal verfügt. Bei den Krippeneltern kann diese Wahrnehmung zu Konflikten führen, denn sie fragen sich, warum der Kindergarten seinen Eltern längere Öffnungszeiten bietet, als Sie es in der Krippe tun.

2. Aufgabenebene

Die Konflikte, die sich auf die Aufgabenebene beziehen, richten sich ganz konkret danach aus, wie Sie den Eltern gegenüber die Aufgaben in Ihrer Einrichtung wahrnehmen und erfüllen. Wie Ihre Zuständigkeiten oder wie die Arbeit und die Verantwortung nach außen und innen verteilt sind, sind wichtige Fragen der Aufgabenebene. Konflikte sind dann vorprogrammiert, wenn die Eltern sehen, dass die Leiterin alleinige Anlaufstelle für Elternbeschwerden ist und die Erzieherin, um die es geht, beim Klärungsgespräch nicht mit einbezogen wird. Die Eltern achten sehr genau darauf, wie Sie Ihre Aufgaben in der Einrichtung wahrnehmen, da sie einen Anspruch darauf haben, dass ihr Kind gut betreut wird.

3. Rollenebene

Ursachen für viele Konflikte sind unklar verteilte Rollen oder nicht ausgesprochene Zuweisungen. Auch erlerntem Verhalten und der Ausprägung, wie jeder seine Rolle wahrnimmt, kommt hier eine ganz wesentliche Bedeutung zu. Nehmen Sie beispielsweise an, eine Mutter schreibt Ihnen als Horterzieherin unausgesprochen die Funktion der Nachhilfelehrkraft für ihr Kind zu. Diese Mutter wird bei gleich bleibenden oder schlechteren Zensuren ihres Kindes mehr und mehr von Ihnen enttäuscht sein, da Sie sich nicht entsprechend der Rolle verhalten, die sie Ihnen zugewiesen hat.

4. Werteebene

Konflikte auf der Werteebene können nicht mehr ohne Mühe geklärt werden. Wertekonflikte beziehen sich auf gänzlich unterschiedliche Einstellungen, Identitäten, Wertvorstellungen oder Leitbilder. Auch kultur- oder religionsbedingte Konflikte sind auf dieser Ebene anzusiedeln. Eltern, die in einem konfessionellen Kindergarten die religiöse Ausprägung und Wertvorstellungen nicht tolerieren, haben einen Wertekonflikt. Dieser Punkt wird in unserer Gesellschaft immer Konfliktpotenzial bieten, da es keine allgemeingültigen Wertvorstellungen gibt und auch keine verbindlichen Erziehungsmodelle.

5. Persönlichkeitsebene

Konflikte auf der Persönlichkeitsebene lassen sich nur ganz schwer oder gar nicht lösen. Bei Konflikten dieser Art geht es um die ganze Person, um Stärken und Schwächen, persönliche Vorlieben, die individuelle Lebensgeschichte und die Art und Weise, mit Problemen umzugehen. Wenn Sie beispielsweise wiederholt feststellen, dass eine Mutter unter Alkoholeinfluss steht, wenn sie ihr Kind abholt, und sich im Gespräch herauskristallisiert, dass die Mutter suchtkrank ist, liegt dieser Konflikt auf der Persönlichkeitsebene. Er kann von Ihnen und der Mutter nicht allein gelöst werden. Bei Konflikten auf der Persönlichkeitsebene kommt es oft zu großen Schwierigkeiten, da es um die Persönlichkeit oder den Charakter von Personen geht und nicht mehr um Ihre Arbeit.

Die gegenüberliegende Grafik zeigt Ihnen die Konfliktebenen. Je höher sie liegen, desto schneller und leichter sind sie im Gespräch zu klären. Die Lösung von Konflikten verläuft wie in der Grafik trichterförmig. Nach unten hin werden Ihr Handlungsspielraum und die Lösung von Konflikten immer geringer und eingeschränkter, weil immer mehr persönliche Faktoren mitspielen. Ab der Werteebene ist sehr viel Erfahrung und Sensibilität bei der Lösung des Konflikts von Ihnen gefordert, um adäquat auf die Eltern einzugehen.

Schaubild: Die Diagnose von Konfliktebenen

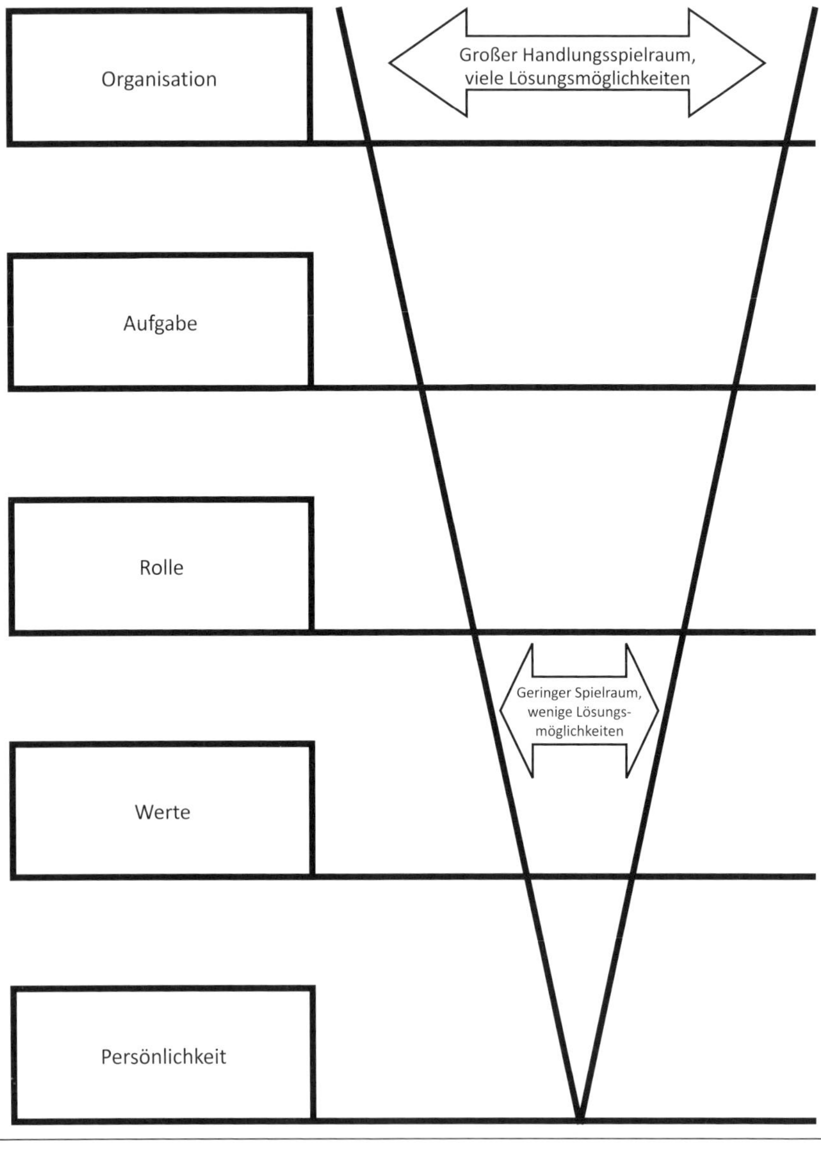

Analyse von Konflikttypen

Wenn Sie Konflikte mit Eltern lösen wollen, beginnen Sie am besten noch vor dem Gespräch mit Ihrer Analyse. Um eine geeignete Lösung für den Konflikt zu entwickeln, müssen Sie zunächst herausfinden, welche Konflikttypen beteiligt sind bzw. zu welchen Konflikttypen sie gehören.

Lernen Sie die Konflikttypen kennen

Das Konflikttypenmodell unterscheidet 5 verschiedene Kategorien. Je nachdem, in welche Kategorie Sie die Eltern einordnen, die am Konflikt beteiligt sind, werden die Lösungen unterschiedlich sein.

1. Die Ja-Sager

Diese Elterntypen geben ihren eigenen Standpunkt schnell auf, passen sich an Stärkere an und wechseln die eigene Meinung rasch. Sie sind harmoniestrebend und spielen in Konflikten meist nur Nebenrollen. Wenn beispielsweise stärkere Eltern eine Position der Einrichtung gegenüber vertreten, schließen sich die Ja-Sager an. Typisches Verhalten der Ja-Sager im Konfliktfall ist Anpassung oder Unterordnung. Sie äußern nur selten ihre Meinung, weil sie nicht anecken wollen und lieber nachgeben oder leiden, anstatt aufzufallen, indem sie Kritik äußern.

Anmerkung: Mit Ja-Sagern werden Sie kein Konfliktgespräch führen müssen, es sei denn, andere Eltern übernehmen die Führungsrolle. Die Ja-Sager-Eltern lenken im Konfliktfall ein, noch bevor das Gespräch zustande kommt. Prüfen Sie deshalb gründlich, ob der Konflikt bei diesen Eltern wirklich beigelegt ist. Fragen Sie deshalb im Konfliktfall immer wieder bei den Eltern nach.

2. Die Passiven

Passive Eltern gehen jeglicher Auseinandersetzung aus dem Weg. Oft stecken Ängste und Unsicherheit hinter ihrem Verhalten: Angst vor Kritik oder Furcht, im Konfliktgespräch zu unterliegen, sind Motive der Vermeidung beim passiven Elterntyp. Wenn passive Konflikttypen einer Konfliktsituation nicht entfliehen können, werden sie zum Ja-Sager.

Anmerkung: Passive Konflikttypen sind meist nicht in Konflikte verwickelt, da sie sich der klärenden Situation entziehen, bevor es zur Aussprache kommt. Solche Eltern schließen sich auch nicht der Meinung starker Eltern an, solange sie dies vermeiden können.

3. Die Unsicheren

Unsichere Konflikttypen sind immer wieder in Konflikte verwickelt, obwohl ihnen die Situation sehr unangenehm ist. Solche Eltern können den Druck von Konfliktgesprächen nicht aushalten. Wenn im Konfliktgespräch eine Lösung gefunden werden muss, schließen die unsicheren Eltern vorschnell Kompromisse, nur damit der Konflikt schnell geklärt ist.

Anmerkung: Achten Sie bei Eltern, die so reagieren, im Konfliktgespräch besonders darauf, dass Kompromisse gründlich ausgehandelt und nicht vorschnell geschlossen werden. Sonst besteht die Gefahr, dass die Kompromisse nicht tragfähig und realisierbar sind und deshalb in neuen Konfliktsituationen enden.

4. Die Fairen

Diese Eltern verfügen über eine hohe Sozialkompetenz. Sie kennen auch im Konfliktfall ihre eigenen Bedürfnisse und Vorstellungen, legen jedoch auch Wert auf Ihre Meinung und Ihre Sichtweise. Eltern, die die Fairen sind, wissen ganz genau, dass zur Lösung eines Konfliktgesprächs oft ein Kompromiss dient. Sie suchen daher mit Ihnen zusammen nach tragfähigen und praktikablen Kompromissen und versuchen, faule oder vorschnelle Lösungen zu vermeiden.

Anmerkung: Konfliktgespräche mit fairen Eltern verlaufen meist als partnerschaftlicher Dialog, an dessen Ende ein Kompromiss steht, mit dem Sie selbst und die Eltern zufrieden sind. Sie sind in Konfliktsituationen meist die unkompliziertesten Eltern.

5. Die Starken

Starke Konflikttypen handeln sehr selbstbewusst; sie wissen, dass sie sich durchsetzen können, und schätzen ihre eigene Stärke ganz realistisch ein. Bei den starken Eltern stehen das Durchsetzen ihrer Position und das Erreichen der selbst gesetzten Ziele im Vordergrund. Starke Konflikttypen wollen ihre Ziele oft um jeden Preis erreichen, deshalb arbeiten sie manchmal mit Tricks. Sie ziehen beispielsweise andere Eltern auf ihre Seite, binden Unbeteiligte mit in die Konflikte ein, bilden Allianzen oder schmieden Intrigen mit dem Ziel, den Konflikt zu gewinnen.

Anmerkung: Gespräche mit Eltern dieses Konflikttyps sind besonders anstrengend. Bereiten Sie sich daher sehr gründlich darauf vor. Rechnen Sie mit Tricks, und seien Sie auf der Hut: Bevor starke Typen unterliegen, suchen sie eventuell die Unterstützung der anderen Eltern, besonders der Ja-Sager. Vermitteln Sie den Starken nie das Gefühl, dass sie unterlegen sind.

Test: Prüfen Sie, mit welchen Konflikttypen Sie es zu tun haben

Finden Sie die Konflikttypen heraus	**Ja**	**Nein**
Die Ja-Sager		
Wechseln die Eltern ihre Meinung oft unvermittelt?	❑	❑
Können die Eltern im Gespräch mit Ihnen den eigenen Standpunkt nicht beibehalten?	❑	❑
Machen die Eltern den Eindruck, es Ihnen recht machen zu wollen, und stimmen sie Ihnen rasch zu?	❑	❑
Die Passiven		
Gehen die Eltern Auseinandersetzungen und Konflikten generell aus dem Weg?	❑	❑
Wirken die Eltern unsicher, und haben sie Angst vor Ihrer Kritik?	❑	❑
Entziehen die Eltern sich Konfliktgesprächen durch Einlenken oder Nicht-Erscheinen?	❑	❑
Die Unsicheren		
Empfinden die Eltern das Konfliktgespräch als unangenehm?	❑	❑
Wollen die Eltern schnellstmöglich dem Gespräch entkommen?	❑	❑
Stimmen die Eltern sofort einem Kompromiss zu, oder schlagen sie überstürzt einen solchen vor?	❑	❑
Die Fairen		
Kennen die Eltern die eigene Position ganz genau?	❑	❑
Interessieren die Eltern sich auch für Ihren Standpunkt?	❑	❑
Streben die Eltern gemeinsam mit Ihnen eine einvernehmliche Lösung an?	❑	❑
Die Starken		
Sind die Eltern sehr selbstbewusst, und können sie ihre Meinung äußern?	❑	❑
Sind die Eltern nicht an Kompromissen interessiert, sondern wollen nur ihre eigene Meinung durchsetzen und in ihrer dominanten Art agieren?	❑	❑
Arbeiten die Eltern hinter Ihrem Rücken mit Tricks, und bilden sie Allianzen mit anderen Eltern, um ihre eigenen Ziele zu erreichen?	❑	❑

Auswertung des Tests: Wenn ein Konfliktgespräch ansteht, stellen Sie fest, mit welchem Konflikttyp Sie es zu tun haben. Eltern, bei denen Sie in einer Rubrik 2-mal und mehr mit „Ja“ antworten, können diesem Konflikttyp zugeordnet werden.

Durchführung von Konfliktgesprächen

Konfliktgespräche stehen häufig dann an, wenn es um Entwicklungsdefizite des Kindes und daraus resultierenden besonderen Förderbedarf geht. Auch erzieherische Probleme und Verhaltensauffälligkeiten beim Kind können Ursachen für Konflikte sein. Manche Eltern verschließen sich, wollen dies nicht wahrhaben und erheben Vorwürfe gegen Sie als Erzieherin, die ihr Kind ihrer Meinung nach nicht ausreichend fördert oder das Kind benachteiligt. Oftmals wird von Eltern eine Beschwerde vorgeschoben, die den eigentlichen Konflikt überdeckt, deshalb ist es so schwer, Konflikte zu identifizieren und ihre Ursachen zu ergründen.

Fehler vermeiden

Gehen Sie im Konfliktgespräch mit Eltern sensibel vor, und vermeiden Sie die folgenden Fehler.

Vorwürfe und Schuldzuweisungen

Vorschnelle Ratschläge oder Beschuldigungen bringen Sie in einem Konfliktgespräch nicht weiter. Eltern fühlen sich angegriffen, sie werden sich verschließen und keinen Rat mehr von Ihnen annehmen. Vorwürfe verbauen den Weg für eine gemeinsame Lösungssuche mit Eltern: *„Wenn Sie von Anfang an meinen Rat konsequent befolgt hätten, dann stünden wir heute nicht vor einem solchen Problem!"*

Überrumpeln und überreden

„Sicherlich haben Sie nichts dagegen, Ihr Kind bei unserer Ergotherapeutin anzumelden. Zufällig ist die Ergotherapeutin gerade hier und wird gleich mit Ihnen sprechen!" Durch ein solches Vorgehen verlieren die Eltern das Vertrauen zu Ihnen. Sie werden Ihnen fortan mit Skepsis und Misstrauen begegnen. Eltern werden Ihnen gegenüber versuchen, Probleme zu vertuschen. Offenes Ansprechen von Problemen und das Lösen von Konflikten sind so nicht mehr möglich.

Falsche Versprechungen

Sie riskieren das Vertrauen, das Eltern in Sie als Fachfrau setzen, wenn sich Ihre Versprechungen nicht bewahrheiten. Versprechen Sie nur das, was Sie tatsächlich halten können, und sagen Sie den Eltern offen und ehrlich Ihre Meinung: *„Wenn Sie das Kind in unserem Hort anmelden, kommen die schulischen Probleme mit Ihrem Kind sofort wieder ins Lot! Ich kann dafür garantieren, dass die Noten sich schon bis zum nächsten Zeugnis ganz deutlich verbessern werden."*

So regulieren Sie Konflikte

Die folgenden Schritte können Sie einsetzen, wenn es sich im Elterngespräch um die Aufarbeitung eines Konflikts handelt.

1. Schritt: Gehen Sie das Problem offensiv an

Manche Konflikte können nicht von Ihnen allein gelöst werden. Bringen Sie deshalb die Familie an einen Tisch, um mit allen, die an der Erziehung des Kindes beteiligt sind, die Problematik anzusprechen. Schildern Sie dabei ehrlich und verständlich das Problem, wie es sich für Sie in der Einrichtung darstellt. Sie helfen den Eltern, wenn Sie Ihre Schilderungen anhand von Beispielen und Beobachtungen untermauern.

2. Schritt: Kontrollieren Sie den Dialog

Eltern neigen manchmal zur selektiven Wahrnehmung und zur spontanen Verleugnung oder Verniedlichung des Konflikts. Um Missverständnisse und Streit zu vermeiden, sollten Sie den Dialog kontrollieren. Gehen Sie dabei so vor, dass Sie mit Fragen durch das Gespräch führen und immer wieder die Stellungnahme und Sichtweise der Eltern einholen. Fassen Sie zentrale Inhalte der elterlichen Meinung zusammen. Dies gibt Eltern die Chance, ihren Blickwinkel aus einer anderen Perspektive zu betrachten, zu spiegeln und zu reflektieren.

3. Schritt: Legen Sie die Emotionen offen

Konfliktgespräche sind für Eltern immer mit Emotionen verbunden: Gefühle wie Enttäuschung, Angst, Schock und Kränkung können auftreten, wenn Eltern sich nach einer Phase der Verleugnung den gravierenden Entwicklungsrückstand ihres Kindes eingestehen. Erst, wenn Eltern ihre Gefühle offen ansprechen oder ihre Verzweiflung und Angst offenbaren, können Sie im nächsten Schritt die Lösung des Konflikts anstreben.

4. Schritt: Handeln Sie eine tragfähige Lösung aus

Im Konfliktgespräch darf keine Partei die andere Seite als Schuldigen ansehen. Dies gelingt Ihnen, wenn Sie im Gespräch immer wieder die Weiterentwicklung des Kindes als gemeinsames Ziel in den Mittelpunkt Ihrer Besprechung stellen. Streben Sie eine dauerhafte, tragfähige Lösung im Sinne des Kindes an, und halten Sie fest, was beide Seiten – also die Eltern und die Einrichtung – leisten können, um die Weiterentwicklung des Kindes zu gewährleisten.

Streichen Sie „vorgedachte Lösungen" wie beispielsweise *„Die Eltern sollen ihr Kind bei einer Erziehungsberatung vorstellen"* aus Ihrem Gedankenrepertoire. Vorbereitete Gesprächsergebnisse werden von Eltern nur zum Schein angenommen. Lang anhaltende Problemlösungen können nur durch ehrlichen Austausch und Abstimmung im gemeinsamen Gespräch entwickelt werden.

Argumentationshilfe: So regulieren Sie Konflikte

Schritt	So reagieren Sie richtig	Vermeiden Sie solche Formulierungen
1. Gehen Sie das Problem offensiv an.	*„Vielen Dank, dass Sie alle an diesem Gespräch teilnehmen. Das ist sehr wichtig für Ihr Kind, denn es steht die Frage im Raum, ob Ihr Kind eine Förderschule besuchen soll."*	*„Wie Sie bereits wissen, tut sich Ihr Kind beim Lernen schwer. Sie können das nicht so gut beurteilen, aber wir stellen die Lernschwäche bei unserer Schulvorbereitung immer wieder fest."*
2. Kontrollieren Sie den Dialog.	*„Wie verhält sich Ihr Kind zu Hause, wenn es im Spiel Farben zuordnen oder Mengen erfassen soll? Wir sind der Ansicht, dass Ihr Kind noch verspielt ist und die Farben und Zahlen sicher bald lernen wird."*	*„Alle Kinder können in diesem Alter schon zählen und kennen die Farben, nur Ihr Kind nicht."*
3. Legen Sie Emotionen offen.	*„Sie fühlen sich jetzt hilflos und mitgenommen, weil Ihnen der Entwicklungsrückstand Ihres Kindes bewusst geworden ist. Welche Befürchtungen haben Sie in diesem Moment?"*	*„Ihrem Kind geht es an der Förderschule sicherlich gut. Das ist kein Weltuntergang und auch kein Grund zum Weinen."*
4. Handeln Sie eine tragfähige Lösung aus.	*„Sie möchten zunächst einen Eindruck von der Schule gewinnen, das verstehe ich gut. Ich besorge gern für Sie die Telefonnummer des zuständigen Beratungslehrers der Förderschule."* *„Sie wollen sich die Schule zunächst genau anschauen und danach mit dem Beratungslehrer sprechen. Wenn Sie möchten, dass ich beim Gespräch dabei bin, werde ich dies gern tun."*	*„Ich habe Ihnen schon vor dem Gespräch alle wichtigen Unterlagen herausgesucht. Sie gehen also an die Schule und melden Ihr Kind an."*

Konfliktgespräche gekonnt und sicher führen

Mit Eltern können Sie „einfache" Konflikte im Regelfall allein lösen. Wenn sich der Konflikt auf einer der oberen Ebenen abspielt, es sich also um einen Organisations-, Aufgaben- oder Rollenkonflikt handelt, bereiten Sie sich auf ein 4-Augen-Gespräch mit den Eltern vor.

Grundregeln für eine schnelle Lösung

Die folgenden 6 Regeln geben Ihnen Sicherheit im Gespräch mit den Eltern.

1. Schnell reagieren

Sobald Sie Konflikte wahrnehmen, Störungen oder Spannungen bei den Eltern bemerken, müssen Sie handeln. Merken Sie beispielsweise, dass eine Mutter, die Ihnen gegenüber bislang aufgeschlossen reagierte, Ihnen aus dem Weg geht und Sie kaum noch grüßt, sprechen Sie die Situation an. Sicherlich können Sie im gemeinsamen Gespräch ergründen, dass es sich um ein Missverständnis handelt. Wenn Sie zeitig reagieren, klären Sie die Ungereimtheiten, ohne dass daraus ein Konflikt entstehen muss.
Schlagen Sie beispielsweise einer unsicheren Mutter vor, zum Gespräch ihren Mann mitzubringen. Dadurch erhält sie zusätzliche Sicherheit. In einer solchen Atmosphäre öffnen sich die betroffenen Eltern in der Regel schneller und geben ihr eigenes Urteil zur Ursache und Entstehung des Konflikts ab.

2. Behutsam heranführen

Leiten Sie das Gespräch beziehungsbildend ein. Mit dieser Einleitung wird die Mutter behutsam an das heikle Thema herangeführt. Nachdem Sie das Problem benannt haben, besprechen Sie mit der Mutter einige Beispiele und Beobachtungen, die Sie zu Ihrem Eindruck führten: *„Frau Schneider, Sie wissen, dass ich Sie sehr schätze. Allerdings wirken Sie mir gegenüber in der letzten Zeit abweisend. Ich glaube, Ihr Verhalten hat mit Ihrer Beschwerde zu tun, dass Sie glauben, ich würde mit Ihrem Kind mehr schimpfen als mit den anderen Kindern. Ich würde dies gern klären und zunächst über Ihre Eindrücke sprechen wollen."*

3. Klare und knappe Aussagen machen

Auch wenn es Ihnen schwerfällt: Reden Sie nicht lange um den heißen Brei herum. Machen Sie keine Andeutungen, sondern kommen Sie direkt auf den Punkt: *„Ich erlebe Sie im Umgang mit Ihrem Kind oft sehr gereizt und laut. Andere Kinder haben dies bereits bemerkt und fragen Ihr Kind, warum Sie so laut schimpfen."* Mit dieser klaren Aussage stellen Sie den Grund Ihres Gesprächs transparent dar.

4. Keine Vorwürfe erheben

Vorwürfe an die Eltern dienen nicht der Lösung eines Konflikts. Sie sind wenig konstruktiv und verstärken die ohnehin schon gereizte Stimmung. Versuchen Sie, behutsam im Einzelgespräch zu erforschen, was den Konflikt auslöste und welche tiefer liegenden Ursachen er hat. Fragen Sie die Mutter beispielsweise, warum sie in der letzten Zeit ihrem Kind gegenüber so gereizt reagiert. Forschen Sie mit der Mutter gemeinsam nach den Umständen und den Ursachen. Stellen Sie gezielte Fragen, und lassen Sie die Mutter das Problem aus ihrer Sicht schildern und beschreiben. Überprüfen Sie dabei auch Ihre eigene Einstellung. Haben Sie Zusammenhänge übersehen oder Fakten nicht gekannt?

5. Gemeinsame Lösungen entwickeln

Vorgefertigte Lösungen nutzen Ihnen nur wenig: Streichen Sie Patentlösungen aus Ihrem Kopf. Vorbestimmte Lösungen haben nur wenig mit der eigentlichen Ursache des Konflikts zu tun und werden von den Eltern bemerkt und als Bevormundung empfunden. Lösungen müssen aus den gemeinsamen Gesprächen erwachsen. Wenn Sie beispielsweise im Gespräch von der Mutter erfahren, dass ihr Mann sich von ihr getrennt hat und sie sich stark belastet fühlt, weil sie den Lebensunterhalt für sich und ihr Kind bestreiten muss, kann keine vorher erdachte Lösung hilfreich sein. Sie überlegen im gemeinsamen Gespräch, was entlastende und hilfreiche Faktoren für die Mutter in ihrer derzeitigen Lage sind.

Sie geben den betroffenen Eltern die Chance, über den belastenden Konflikt zu sprechen. Das Besprechen und Ihr Hinterfragen spiegeln für die Eltern den Sachverhalt wider. Damit betrachten sie den Konflikt aus einer gewissen Distanz heraus. Manchmal reicht dieses Beleuchten zur Konfliktlösung bereits aus. Bei größeren oder vielschichtigeren Konflikten sind oft mehrere Gespräche nötig, um gemeinsam eine passende Lösung zu finden.

6. Realistische Ziele vereinbaren

Formulieren Sie im Gespräch eine oder mehrere Zielvereinbarungen, die helfen, den Konflikt dauerhaft beizulegen.

Exemplarische Zielvereinbarungen:
- Unzufriedenheit künftig sofort aussprechen und beim direkt Beteiligten melden.
- Regelmäßiger Austausch zwischen Eltern und der Erzieherin.
- Gespräche, die zukünftig miteinander und nicht mehr übereinander geführt werden.

Selbst-Test: Überprüfen Sie Ihre Fähigkeit, Konflikte im Elterngespräch zu lösen

Wie gut gelingen Ihnen Konfliktgespräche mit Eltern?	**Ja**	**Nein**
Überlegen Sie vor dem Gespräch, wer alles am Konflikt beteiligt ist?	❑	❑
Betrachten Sie die Beteiligten gründlich, und prüfen Sie, zu welchen Konflikttypen sie gehören?	❑	❑
Geben Sie Eltern die Möglichkeit, den Partner am Gespräch zu beteiligen?	❑	❑
Versetzen Sie sich in die Eltern, um ihre Sichtweise besser zu verstehen?	❑	❑
Leiten Sie das Konfliktgespräch sensibel und ohne Vorwurf ein?	❑	❑
Belegen Sie Ihr Gespräch mit anschaulichen Beispielen?	❑	❑
Gelingt es Ihnen, unbequeme Inhalte deutlich und klar zu formulieren?	❑	❑
Können Sie unbequeme Inhalte schnell und zielgerichtet im Gespräch anbringen, ohne lange um den heißen Brei herumzureden?	❑	❑
Machen Sie sich Ihre eigenen Emotionen bewusst, um negative Gedanken auszuschalten?	❑	❑
Argumentieren Sie den Eltern gegenüber ohne Schuldzuweisung und Vorwurf?	❑	❑
Besprechen Sie mit den Eltern den Konflikt, ohne auf vorschnelle Lösungen zu drängen?	❑	❑
Stehen Sie zu Ihren Versprechungen und Vereinbarungen?	❑	❑
Suchen Sie mit den Eltern zusammen nach geeigneter Hilfe und Unterstützung?	❑	❑
Vereinbaren Sie mit den Eltern gemeinsam Ziele, um den Konflikt dauerhaft zu bereinigen?	❑	❑

Auswertung des Selbst-Tests: Falls Sie alle Fragen mit „Ja" ankreuzen konnten, ist es um Ihre Konfliktlösefähigkeit im Elterngespräch bestens bestellt. Wenn Sie mehr als 2-mal mit „Nein" geantwortet haben, unterlaufen Ihnen unnötige Fehler im Gespräch mit den Eltern. Sie sollten Ihre Fähigkeit optimieren, mit Eltern Konflikte zu thematisieren und zu tragfähigen Lösungen zu gelangen, indem Sie dieses Kapitel aufmerksam durcharbeiten.

Konfliktgespräche mit Leiterin, Erzieherin und Eltern

Handelt es sich um einen verschärften Konflikt zwischen Erzieherin und Eltern, müssen Sie als Leiterin helfend und begleitend eingreifen. Übernehmen Sie Verantwortung für das Konfliktmanagement.

Wann Sie als Leiterin den Konflikt begleiten müssen

Ihre Pflicht als Leiterin ist es, der Erzieherin und den Eltern bei verhärteten Konflikten beizustehen. In folgenden Fällen sollten Sie auf jeden Fall die Begleitung übernehmen:
- Bei Vorwürfen der Eltern an eine bestimmte Erzieherin
- Bei Vorwürfen, die verletzend und entwürdigend von Eltern erhoben werden
- Bei Konflikten, an denen Erzieherinnen mit wenig Berufserfahrung und Eltern beteiligt sind
- Bei Konflikten, die bereits längere Zeit schwelen
- Bei Konflikten zwischen den Eltern und der Erzieherin, die scheinbar gelöst sind, jedoch immer wieder aufbrechen
- Bei Konflikten der Werteebene oder der Persönlichkeitsebene

7 Regeln für Ihr Konfliktmanagement als Leiterin

1. Nehmen Sie eine sorgfältige Prüfung vor

Machen Sie sich sofort, nachdem Sie vom Konflikt erfahren haben, ein eigenes Bild von seinem Ausmaß. Erkunden Sie die Hintergründe und die Zusammenhänge des Konflikts. Stellen Sie fest, wer alles an der Entstehung des Konflikts und am weiteren Verlauf beteiligt ist. Prüfen Sie die Konflikttypen und die Ebene, auf der der Konflikt sich befindet.

2. Entwickeln Sie einen Handlungsentwurf

Arbeiten Sie einen Entwurf aus, in dem Sie detailliert die Ergebnisse aus Ihrer Konfliktprüfung notieren und festhalten, wie Sie ihn angehen wollen. Wenn Sie sich sehr unsicher über Ihr Handlungskonzept sind, holen Sie sich die Unterstützung eines Coaches. Dies könnte beispielsweise kurzfristig ein professioneller Coach, eine erfahrene Leiterinnenkollegin oder Ihre Fachberaterin sein.

3. Nehmen Sie beide Seiten ernst

Denken Sie sich in beide Konfliktparteien hinein. Versuchen Sie, die Motive der Eltern und der Erzieherin zu verstehen. Nur, wenn Sie beide Seiten ernst nehmen, kann die Konfliktlösung gelingen. Manchmal ist es dazu nötig, dass Sie vor einem gemeinsamen

Gespräch mit den Eltern und der Erzieherin einzeln sprechen, um Hintergründe und Motive zu erfahren.

4. Ermöglichen Sie die gemeinsame Kommunikation

Der Grundstein ist gelegt, wenn die Eltern und die Erzieherin gemeinsam an einem Tisch über den Konflikt sprechen können. Im Erstgespräch ist es oft noch nicht möglich, dass beide Seiten miteinander kommunizieren, indem sie sich beispielsweise aussprechen lassen und einander nicht ins Wort fallen. Regen Sie dann an, dass jede Partei ihre eigene Sicht schildert und die andere Seite einfach nur zuhört. Dies ist bei tief sitzenden Konflikten bereits ein erster großer Erfolg.

5. Lassen Sie Emotionen zu

Versuchen Sie nicht, Gefühle im Konfliktgespräch zu unterbinden, indem Sie das Gespräch versachlichen. Emotionen sind erlaubt und treten bei der Konfliktlösung auf. Die Ursache dafür ist, dass Konflikte immer gefühlsgeladen sind. Die am Konflikt beteiligten Parteien müssen die Gefühle ihres Gegenübers kennenlernen.

6. Bleiben Sie neutral

Neutralität ist das oberste Gebot bei Ihrem Konfliktmanagement zwischen den Eltern und der Erzieherin. Ergreifen Sie nicht Partei für eine Seite, und lassen Sie sich nicht vereinnahmen. Setzen Sie sich das Ziel, während der gesamten Konfliktmoderation unabhängig und unbefangen zu sein. Achten Sie auf Ihre nonverbalen Signale während des Konfliktgesprächs. Wenn Sie sich im Gespräch der Erzieherin mit einer offenen Körperhaltung zuwenden und immer bestätigend nicken, bekommen die Eltern den Eindruck, dass Sie auf der Seite der Erzieherin stehen. Dies kann eine Konfliktlösung zunichtemachen.

Sind Sie befangen, etwa weil die Eltern schwere Vorwürfe gegen die Erzieherin erheben und Sie Ihre Mitarbeiterin schützen müssen, sollten Sie dies im Gespräch deutlich machen. Bitten Sie in einem solchen Fall eine geschulte außenstehende Person um die Konfliktmoderation. Fragen Sie z. B. bei Ihrer Fachberatung oder bei einem unabhängigen Supervisor an.

7. Bleiben Sie fair und geduldig

Handeln Sie während der gesamten Zeit des Konfliktmanagements fair, und bleiben Sie ehrlich. Faires Verhalten bedeutet, dass Sie sich im Einzelgespräch genauso benehmen, wie Sie es im gemeinsamen Dialog tun. Freuen Sie sich über kleine Schritte in die richtige Richtung, etwa wenn ein erstes gemeinsames Gespräch möglich erscheint.

Bleiben Sie bescheiden: Nicht nur Sie sind für die Lösung des Konflikts verantwortlich, sondern auch die Erzieherin und die Eltern. Sind diese beiden Seiten nicht bereit, den Konflikt beizulegen, dann bleibt er bestehen

Checkliste: Erweiterte Konfliktgespräche mit Eltern, Erzieherin und Leiterin

So gehen Sie bei erweiterten Konflikten vor

Maßnahme	✓
Beschaffen Sie sich möglichst viele Informationen über den Konflikt.	❑
Notieren Sie:	
seit wann es den Konflikt gibt,	❑
wer an ihm beteiligt ist,	❑
warum er aufgetreten ist,	❑
wie er sich entwickelt hat,	❑
womit er genau zusammenhängt,	❑
wie sich Lösungen gestalten könnten.	❑
Entwerfen Sie einen Plan, wie Sie vorgehen wollen. Schreiben Sie alle geplanten Schritte auf.	❑
Suchen Sie die Unterstützung eines Coaches, wenn der Konflikt sehr vielschichtig ist.	❑
Versetzen Sie sich in die Eltern und die Erzieherin hinein.	❑
Verurteilen Sie keine der beiden Seiten.	❑
Sprechen Sie beide Parteien einzeln auf den Konflikt und deren Sichtweise an.	❑
Legen Sie einen gemeinsamen Gesprächstermin mit den Eltern und der Erzieherin fest.	❑
Gewähren Sie beiden Seiten ein Rederecht.	❑
Wachen Sie darüber, dass keine Partei der anderen ins Wort fällt.	❑
Halten Sie es aus, wenn Gefühle im Konfliktgespräch aufbrechen.	❑
Ergreifen Sie nicht für eine Seite Partei.	❑
Wenn Sie sich nicht neutral verhalten können, weil Sie die Erzieherin schützen müssen, beziehen Sie eine unabhängige Konfliktmoderation ein.	❑
Behandeln Sie beide Seiten gleich, sowohl im Einzelgespräch als auch im gemeinsamen Dialog.	❑
Freuen Sie sich über kleine Fortschritte.	❑
Erinnern Sie sich: Alle Parteien sind für die Lösung verantwortlich, nicht nur Sie selbst.	❑

Jeder spricht anders - So lösen Sie bei kulturellem Hintergrund

Ein muslimisches Mädchen hat für Ihr Sommerfest mit einer Gruppe von Kindern einen modernen Tanz eingeübt. Bei einer Probe schaut die Mutter des Mädchens zu. Am nächsten Tag kommt der Vater zu Ihnen und verlangt, dass seine Tochter nicht mehr an modernen Tänzen teilnimmt.

Konflikte mit kulturellem Hintergrund liegen auf der Werteebene. Sie werden nicht alle kultur- oder religionsbedingten Konflikte mit Eltern lösen können, manchmal sind die Auffassungen so konträr, dass keine Annäherung möglich ist. Das Moderieren von Konflikten ist eine Führungsaufgabe, deshalb sollten Sie als Leiterin bei solchen Konflikten immer informiert werden.
Durch ein ausführliches Informationsgespräch bei der Anmeldung des Kindes in der Einrichtung können Sie bereits Konfliktpotenzial vorwegnehmen, wenn Sie hier detailliert Auskunft darüber geben, welchen Hintergrund Sie der Erziehung zugrunde legen.

Beispiele für kulturelle oder religiöse Konflikte
- Ein Kind der Zeugen Jehovas darf aus religiösen Gründen nicht an Festen Ihrer Einrichtung teilnehmen.
- Ein Mädchen aus streng muslimischer Kultur darf ab dem 10. Lebensjahr nicht mehr an sportlichen Aktivitäten oder beim Schwimmen teilnehmen.
- Ein türkischer Junge kann das Urteil von Erzieherinnen nicht annehmen.
- Ein libanesisches Kind darf nicht am Aufklärungsprojekt teilnehmen.

Regeln helfen Ihnen

Beide Seiten müssen die Sichtweise und Argumentation des Gegenübers verstehen. Legen Sie Wert auf folgende Regeln:
- Entscheidungsträger der Familie kommen zum Gespräch.
- Sie stellen Gesprächsregeln auf und achten penibel auf deren Einhaltung.
- Beide Seiten schildern und erklären ihre Sicht.
- Sie wiederholen dies und fassen es in eigenen Worten zusammen.
- Sie erarbeiten Gemeinsamkeiten, auch wenn diese anfänglich ganz gering sind.

So moderieren Sie Konflikte mit kulturellem Hintergrund

Informieren Sie sich schon vor dem Konfliktgespräch über kulturelle Besonderheiten, auf die Sie im Konfliktgespräch eingehen sollten. Halten Sie sich bei kulturbedingten Konflikten an folgendes Vorgehen.

1. Polarisieren und Harmonisieren

Polarisieren: Kulturelle oder religiöse Konflikte sind von Werthaltungen durchdrungen, die die andere Seite nur schwer nachvollziehen kann. Sorgen Sie dafür, dass die Standpunkte der Familie und der Erzieherin klar und verständlich herausgearbeitet werden. Ergründen Sie die Tiefen des Konflikts: Welche Überzeugungen und Ängste schüren ihn? Warum sind die Meinungen so unterschiedlich?

Harmonisieren: Nachdem die Gegensätze benannt und verstanden sind, finden Sie mit der Familie und der Erzieherin die Gemeinsamkeiten, die zwischen den beiden Parteien bestehen. Keine Angst, auch kulturelle Konflikte haben verbindende Seiten. Beispielsweise könnte in einem religiösen Konflikt beiden Seiten der Kontakt des Kindes zu anderen Kindern in der Gruppe wichtig sein. Halten Sie schriftlich fest, worin sich die Konfliktparteien trotz aller Gegensätze einig sind.

2. Spezifizieren und Generalisieren

Spezifizieren: Klären Sie mit der Familie und der Erzieherin zusammen die einzelnen Konfliktpunkte. Oftmals verfestigen sich im Laufe des Konflikts Vorurteile oder pauschale Verurteilungen. Diese müssen Sie zunächst beseitigen, indem Sie alle Streitpunkte erfragen und diese mit den Parteien analysieren. Viele der pauschalen Verurteilungen erledigen sich so von selbst.

Generalisieren: Beim Generalisieren geht es darum, die grundsätzlichen Haltungen und kulturellen oder religiösen Wertvorstellungen zu sichten, zu verstehen und zu klären, durch die der Konflikt zustande kam.

3. Identifizieren und Abstand schaffen

Identifizieren: Im kultur- und religionsbedingten Konflikt werden oftmals pauschale Beschuldigungen an die Gegenseite gerichtet. Unterbinden Sie solche Schuldzuweisungen, und fordern Sie die Familie und die Erzieherin dazu auf, ihren Standpunkt und die Absichten ganz persönlich ohne Vorwurf an die andere Seite zu formulieren. Ich-Botschaften helfen bei dieser Art, Stellung zu beziehen.

Abstand schaffen: Jede Partei ist nach einiger Zeit so weit, die eigenen Standpunkte zu benennen. Sie können den Eltern eine visuelle Hilfe geben, indem Sie ein Schaubild aufzeichnen und die unterschiedlichen Ansichten stichpunktartig notieren.
Versuchen Sie nun, diese Standpunkte mit den beiden Seiten aus einer anderen Perspektive zu betrachten. Ermutigen Sie die Eltern und die Erzieherin, sich vorzustellen, wie andere das Problem betrachten würden.

Grafik: Arbeitshilfe für Konflikte mit kulturellem Hintergrund

So stellen Sie die unterschiedlichen Sichtweisen gegenüber

Polarisieren	Harmonisieren
Elternmeinung: *„Unsere Tochter soll nicht am Projekt Aufklärung teilnehmen. Bei ihr werden Wünsche geweckt, die sie nicht verstehen kann und die mit unserem Glauben nicht zu vereinbaren sind."* **Ihre Meinung:** *„Das Projekt Aufklärung orientiert sich an den Fragen der Kinder. Es werden nur solche Themen bearbeitet, die die Kinder interessieren."*	**Gemeinsamkeiten:** ● Tochter soll weiterhin Kontakt zu anderen Kindern der Einrichtung haben. ● Kind soll nicht ausgegrenzt werden.
Spezifizieren	**Generalisieren**
Elternbefürchtung: ● Aufklärung verstößt gegen muslimischen Glauben. ● Kind wird in sexueller Hinsicht freizügig erzogen.	● Eltern erklären ihre eigenen Wertvorstellungen und religiösen Glaubensgrundsätze. ● Sie beschreiben die geplanten Projektinhalte und sprechen über mögliche Fragen der Kinder.
Identifizieren	**Abstand schaffen**
Ihr Standpunkt: *„Ich möchte Ihr Kind in das Projekt mit einbeziehen. Darf Ihre Tochter nicht teilnehmen, erlebt sie dies als Ausgrenzung. Ihr Interesse an Aufklärung und Sexualität wird zunehmen, gerade weil sie glaubt, dass sie vieles verpasst.* *Ich verstehe Ihre Befürchtungen jetzt viel besser, und ich werde Ihnen immer wieder von unserem Projekt und den Kinderfragen berichten, damit Sie genau wissen, was Ihre Tochter dabei lernt."*	**Wechsel der Sichtweise** **Eltern:** Die Erzieherinnen wollen die Tochter gleich behandeln und sich den Fragen stellen, die die Kinder in diesem Alter haben. **Erzieherinnen:** Die Eltern sind unsicher, wie sie mit den Inhalten, die im Aufklärungsprojekt vermittelt werden, in religiöser Hinsicht umgehen sollen.

Konflikte durch Erwartungen und Ansprüche

Eine Mutter kommt auf Sie zu und beschwert sich: *„Ich muss schon sagen, was die Kindertagesstätte des Kindes meiner Freundin alles tut, das lässt mich staunen. Ich weiß jetzt, wie Kinder optimal gefördert werden sollten. Die Kinder dort können täglich aus 2 verschiedenen warmen Menüs auswählen. Dienstags und donnerstags findet ein Computerkurs statt und an 2 Nachmittagen in der Woche steht Englisch auf dem Programm. Derzeit überlegen die Eltern, ob auch ein Schwimmkurs angeboten werden sollte. Da können Sie nicht mithalten. Wieso bieten Sie eigentlich so wenig für die Kinder?"*

Die meisten Eltern sind mit Ihrem Angebot in der Kindertagesstätte sehr zufrieden. Doch gerade einige Eltern aus dem Bildungsbürgertum neigen gelegentlich dazu, sehr hohe Anforderungen an Sie zu stellen. Das Motiv solcher Eltern ist meist die Befürchtung, das eigene Kind werde nicht ausreichend gefördert, zu wenig beachtet oder es hätte in seinem Alter noch nicht genügend gelernt. Eltern, die so hohe Erwartungen an Sie stellen, vergleichen permanent Ihre Leistungen mit denen der anderen Gruppenerzieherinnen oder mit denen anderer Kindertageseinrichtungen.

Setzen Sie auf konstruktive Bearbeitung

Wenden Sie bei anspruchsbedingten Konflikten die konstruktive Konfliktbearbeitung an. Diese besteht aus einer umfangreichen Konfliktdiagnose und dem Konfliktgespräch. Wenn der Konflikt noch nicht sehr lange besteht, können Sie ihn vermutlich gemeinsam mit den Eltern bereinigen. Hat sich ein latenter Konflikt entwickelt, bitten Sie Ihre Leiterin um die Moderation des Konfliktes.

1. Diagnose

Finden Sie heraus, um welche Ansprüche es im Konflikt genau geht, wie diese Ansprüche sich entwickelt haben und wer daran beteiligt ist. Worum geht es? Warum sehen die Eltern ihre Ansprüche nicht befriedigt? Fragen Sie die betroffenen Eltern danach. Fragen Sie, was die Eltern überhaupt möchten, was ihr Ziel ist.

Was ist passiert? Ergründen Sie, ob der Konflikt neu ist oder ob die Ansprüche bereits bestehen. War der Konflikt scheinbar gelöst und treten neue Anforderungen auf?

Wer ist daran beteiligt? Finden Sie heraus, ob wirklich nur das eine Elternpaar in den Konflikt involviert ist oder ob eine ganze Gruppe von Eltern ihre Ansprüche nicht befriedigt sieht. Fragen Sie sich, welche Interessen die Eltern mit dem Konflikt verfolgen.

Tipp für Ihre Praxis: Halten Sie Ihre Gedanken zu den möglichen Interessen schriftlich fest. Werfen Sie immer wieder einen Blick darauf und machen Sie auch Ergänzungen, wenn Sie den Bedarf dazu feststellen oder sich Interessen der Eltern geändert haben.

2. Gespräch

Vorbereitung: Planen Sie Ihr Vorgehen für das Gespräch mit den Eltern gründlich. Eltern mit hoher Anspruchshaltung können vom Konflikttyp her sowohl zu den Fairen als auch zu den Starken gehören. Lassen Sie sich keinesfalls auf Konkurrenzsituationen ein, und bereiten Sie Ihre sachliche Stellungnahme gut vor. Ermutigen Sie sich, selbstbewusst aufzutreten und klar die eigene Meinung zu vertreten.

Gesprächsführung: Die Eltern und Sie selbst sollten die eigene Sichtweise und Position eingängig schildern. Gehen Sie mit gutem Beispiel voran, und kommunizieren Sie mit Ich-Botschaften. Sagen Sie beispielsweise: *„Ich will Ihrem Kind optimale Bedingungen zukommen lassen."* Vorwürfe an die Gegenseite, Unterstellungen und Beschuldigungen bringen Sie nicht weiter. Versuchen Sie, sich in die Sichtweise der Eltern hineinzuversetzen, und bieten Sie den Eltern an, diesen Versuch auch im umgekehrten Fall zu unternehmen.

Gemeinsame Lösung: Sammeln Sie mit den Eltern gemeinsam einige Lösungen. Bewerten Sie hinterher zusammen deren Vor- und Nachteile, und einigen Sie sich auf eine gemeinsame Lösung. Dabei könnten Sie betonen, dass es eine beachtliche Leistung ist, im ersten Gespräch so weit zu kommen. Formulieren Sie es als Aufgabe, dass für die Lösung ein Kompromiss geschlossen werden muss.

Jede Seite sollte überlegen, zu welchen Zugeständnissen sie bereit ist. Sie könnten den Eltern ein Entwicklungsgespräch anbieten, bei dem Sie detailliert und auf Grundlage Ihrer Beobachtungen den Entwicklungsstand des Kindes schildern. Gemeinsam mit den Eltern könnten Sie daran anschließend überlegen, welche Förderung das Kind wirklich benötigt und wie die Unterstützung genau aussehen sollte.

Auswertung: Auch die Auswertung sollte mit allen Beteiligten stattfinden. Sprechen Sie darüber, ob der Konflikt wirklich auf Dauer beigelegt ist. Prüfen Sie auch die Wirksamkeit der Lösung und der vereinbarten Maßnahmen. Gelegentlich besteht der Bedarf, ein weiteres Gespräch zu führen oder die Maßnahmen, die zur Lösung führen sollen, etwas zu verändern.

Formblatt für Ihre eigenen Notizen – Anspruchsbedingte Konflikte
Name der Eltern:____________________ Datum: ___________ Erzieherin: __________
Konfliktdiagnose
Worum geht es?
Was ist passiert?
Konfliktgespräch
Vorbereitung
Gesprächsführung (stichpunktartig)
Lösungsideen
Ausgewählte Lösung
Nachbereitung / Verbesserung / Korrekturmaßnahmen

Konflikte mit sozial schwachen Eltern

Besonders fordernd sind Konfliktgespräche mit sozial schwachen Eltern, denn sie können das Bedürfnis des eigenen Kindes manchmal nicht ausreichend wahrnehmen oder berücksichtigen.

Konfliktpotenzial bei sozial schwachen Eltern

Der Umgang mit sozial schwachen Eltern muss kein Potenzial für Konflikte in sich tragen. Sollte sich dennoch ein Konflikt anbahnen, ist es erforderlich, dass Sie möglichst schnell, direkt und entschlossen das Konfliktgespräch suchen. Situationen, aus denen sich ein Konfliktpotenzial mit sozial schwachen Eltern ergeben kann, sind:

- Lange unentschuldigte Fehlzeiten des Kindes
- Zu spätes Bringen oder Abholen des Kindes
- Keine witterungsentsprechende Kleidung
- Säumige Beiträge
- Keine Versorgung mit Brotzeit und Getränken
- Unterstützungsbedarf in der Erziehung des Kindes
- Verhaltensauffälligkeiten, Entwicklungsdefizite
- Verdacht auf körperliche oder seelische Vernachlässigung

Wenn aus solchen Gründen ein Konfliktgespräch nötig sein sollte, ergründen Sie zunächst, ob es sinnvoll ist, das Gespräch allein mit den Eltern zu führen. Je nach Problematik und Ihrer eigenen Einschätzung ist es gelegentlich angebracht, die Leiterin oder den Allgemeinen Sozialdienst hinzuzuziehen.

Strategien für Ihr Gespräch

Sprechen Sie die Eltern an, und benennen Sie den Grund für den Gesprächsbedarf. Machen Sie mit den Eltern in diesem kurzen Orientierungsgespräch den Ort und die Zeit fest, zu der die Besprechung stattfinden soll. Wenn Sie die Leiterin oder eine Mitarbeiterin des Sozialen Dienstes am Gespräch beteiligen wollen, ist es den Eltern gegenüber fair, wenn Sie ihnen dies an dieser Stelle mitteilen. Verhalten Sie sich den Eltern gegenüber höflich und empathisch.
Setzen Sie folgende Gesprächsstrategien ein.

1. Wahrnehmung aussprechen

Teilen Sie den Eltern im Gespräch Ihre eigene Wahrnehmung mit. Verwenden Sie dazu klare, einfache und direkte Aussagen. Reden Sie nicht verschlüsselt, und kommen Sie schnell zum Punkt: *„Ihr Kind kommt in der letzten Zeit nicht regelmäßig in den Kindergarten. Es fehlt im Durchschnitt an 3 Tagen in der Woche."*

2. Befürchtungen formulieren

Drücken Sie Ihre Vermutungen, Befürchtungen und die Folgen für das Kind aus, die Sie ahnen oder voraussehen. Erläutern Sie, welche Probleme für das Kind sich aus der Wahrnehmung ergeben können: *„Ihrem Kind geht dadurch der Kontakt zu den anderen Kindern verloren, die bereits untereinander Freundschaften geschlossen haben. Außerdem verpasst es wichtige Angebote, bei denen es auch auf die Schule vorbereitet wird."*

3. Forderung schildern

Bringen Sie Ihr eigenes Anliegen und Ihre Forderung zum Ausdruck. Je konkreter Sie dies tun, desto schneller kommt Ihre Forderung bei den Eltern an: *„Ich möchte, dass Sie Ihr Kind wieder täglich in den Kindergarten bringen."*

4. Stellungnahme einholen und Ansichten prüfen

An dieser Stelle bitten Sie die Eltern, selbst Stellung zu den Wahrnehmungen oder zum Hilfebedarf zu nehmen und ihre eigene Sichtweise und ihr Verständnis des Problems zu schildern. Wenn Ihre Ansichten und die der Eltern sich wesentlich unterscheiden, versuchen Sie, das Problembewusstsein zu schärfen.

Diese Maßnahmen helfen Ihnen dabei:

- Beschreiben Sie das Problem nochmals mit anderen Worten.
- Bieten Sie den Eltern eine Interpretation des Problems oder eine Identifikation an.
- Fordern Sie zum Handeln auf.
- Zeigen Sie realistische Konsequenzen auf.
- Brechen Sie das Gespräch ab, wenn die Positionen zu unterschiedlich und festgefahren sind.

5. Weiteres Vorgehen festlegen

Treffen Sie mit den Eltern verlässliche Absprachen über das weitere Vorgehen. Sie können auch Konsequenzen einleiten oder Hilfs- und Unterstützungsangebote für die Familie oder das Kind anbahnen. Äußern Sie in diesem Schritt ganz klar Ihre Erwartungen, und stellen Sie – wenn dies nötig ist – Ihre Forderungen: *„Bitte versuchen Sie in den nächsten 2 Wochen, Ihr Kind täglich zu bringen. Wir werden nach dieser Zeit nochmals miteinander sprechen."*

6. Gespräch zusammenfassen

Am Ende des Konfliktgesprächs angekommen, wiederholen Sie in kurzen Sätzen die zentralen Inhalte des Gesprächs. Achten Sie darauf, dass Sie besonders die Aufgaben, die die Eltern übernehmen müssen, nochmals zusammenfassen. Überprüfen Sie, ob die Aufgaben von den Eltern wirklich verstanden wurden. Dies gelingt Ihnen, wenn Sie die Eltern in die Zusammenfassung einbeziehen: *„Sie bemühen sich, Ihr Kind in den kommenden beiden Wochen täglich zu uns zu schicken. Ich beobachte jeden Tag, ob Sie sich an die Verabredung halten konnten. Nach den 2 Wochen sprechen wir darüber, wie es geklappt hat."*

Arbeitshilfe zur Gesprächsvorbereitung – Konflikte mit sozial schwachen Eltern
Gesprächsvorbereitung
Gespräch mit Familie __________ Thema __________ Ort, Datum, an dem das Gespräch stattfindet __________
Strategien für Ihr Gespräch
1. Ihre Wahrnehmungen
2. Ihre Befürchtungen
3. Ihre Forderung(en)
4. Stellungnahme und Ansichten der Eltern
5. Weiteres Vorgehen festlegen
6. Gespräch zusammenfassen

Mein Fazit

Konflikte mit Eltern fordern Sie als Leiterin und Ihre Mitarbeiterinnen besonders heraus. Wenn ein Konflikt zwischen Eltern und Kita eskaliert, sind Sie nicht mehr handlungsfähig. Oft entgehen die Eltern dieser schlimmen Situation, indem sie für ihr Kind eine andere Kita suchen. Damit Konflikte schon vorher entschärft und bereinigt werden, sollten Sie auf professionelle Konfliktlösungsstrategien setzen.

Konflikte mit Mitarbeiterinnen sind zeitraubend und kräftezehrend. Oft leiden alle Mitarbeiterinnen darunter, wenn ein Konflikt schwelt und nicht bereinigt wird. Achten Sie deshalb schon auf kleine Konfliktsignale, und handeln Sie schnell.

3. Teil

Zusammenhalt im Team stärken

Team-Berater: Wie Sie aus Ihrem Team wieder eine harmonische Einheit formen

Konflikte im Team - Alltag und Chancen

Teamarbeit gilt als eine besonders effektive Form der Arbeitsorganisation in Kinderta-ges-einrichtungen. Mit Recht. Nachweislich erreichen Arbeitsgruppen bessere Ergebnisse, wenn Ihre Mitarbeiterinnen sich als Team verstehen und auch als Team zusammenarbeiten. Doch natürlich funktionieren Teams nicht immer so, wie sie sollten. Das ist normal. Alle Probleme, die auftreten, wenn Menschen zusammen sind und gemeinsam arbeiten, tauchen auch im Team auf, zum Teil sogar in verschärfter Form, da in Kindertageseinrichtungen hauptsächlich Frauen zusammenarbeiten.

Praxisbeispiel: Die Stimmung im Team verschlechtert sich ...
Melanie Völler leitet seit 8 Jahren einen Kindergarten. Ihr Team besteht aus 14 Mitarbeiterinnen, von der Erzieherin über die Praktikantin bis hin zur Küchenhilfe. Frau Völler war immer stolz auf ihr Team, dessen Motivation und dessen gute Zusammenarbeit.
Doch in letzter Zeit scheint das alte positive Verhältnis abhandengekommen zu sein. Teambesprechungen ziehen sich ewig hin, ohne Ergebnis, die Stimmung im Team verschlechtert sich, und jeder arbeitet allein vor sich hin. An der traditionellen Kaffeerunde in der kurzen Mittagspause nehmen immer weniger Mitarbeiterinnen regelmäßig teil. Zwischen 2 Kinderpflegerinnen ist es sogar zu einem Krach gekommen, eigentlich wegen einer Kleinigkeit.

Was Frau Völler hier beobachtet, kann so oder ähnlich auch für Ihr Team zutreffen. Meinungsverschiedenheiten und Unstimmigkeiten sind in einem Team normal, ja sie tragen zur erfolgreichen Zusammenarbeit bei. Denn sie zwingen das Team, sich intensiver mit strittigen Fragen auseinanderzusetzen. Dies wirkt sich positiv auf die Qualität Ihrer pädagogischen Arbeit und auch auf wichtige Entscheidungen aus. Teams sollten nicht zu stark auf Harmonie aus sein und unterschiedliche Meinungen nicht unter den Tisch kehren. Wer sich nicht auseinandersetzt, kann sich auch nicht wieder zusammenraufen – und das Gefühl erleben, wieder in die Harmonie zurückgefunden zu haben.

Konflikte zu vermeiden ist deshalb weder möglich noch wünschenswert. Der entscheidende Punkt ist, wie Sie und Ihr Team damit umgehen, wie schnell Sie Konflikte bemerken, wie intensiv Sie sich gemeinsam um eine konstruktive Lösung bemühen. Denn Konflikte, die zu lange schwelen, bedeuten Belastungen und können eine Reihe negativer Wirkungen haben: Die Kommunikation kann ebenso leiden wie das Zusammengehörigkeitsgefühl, schließlich kann es so weit kommen, dass die Arbeitsmotivation und die gesamte Teamarbeit leiden.

Achten Sie auf Signale Ihres Teams

Achten Sie auf Anzeichen, die Probleme in Ihrem Team ankündigen. Oft fängt alles ganz harmlos an. Der Umgangston ändert sich, man redet nicht mehr offen miteinander, Informationen werden bewusst nicht weitergegeben. Als Nächstes kommen Sticheleien, Tratsch und üble Nachrede hinzu.

Tipp für Ihre Praxis: Prüfen Sie regelmäßig, wo Ihr Team steht. Warten Sie nicht, bis Anzeichen für Unzufriedenheit überdeutlich werden oder Mitarbeiterinnen Sie auf Probleme aufmerksam machen. Dann kann es bei der einen oder anderen Mitarbeiterin schon zu spät sein, da sie sich innerlich schon aus Ihrem Team verabschiedet hat.

Häufig können Sie vorhandene Schwierigkeiten an der Art erkennen, wie Mitarbeiterinnen miteinander umgehen.

Test: Prüfen Sie, wo Ihr Team steht

Sind folgende Konfliktsignale in Ihrem Team sichtbar?	**Ja**	**Nein**
Ist die Begrüßung im Team weniger herzlich geworden?	❑	❑
Nehmen sich Ihre Mitarbeiterinnen weniger Zeit für einen kleinen Plausch mit Kolleginnen?	❑	❑
Ist der Umgangston förmlicher geworden?	❑	❑
Stockt der Informationsfluss im Team?	❑	❑
Beteiligen sich Ihre Mitarbeiterinnen weniger bei Besprechungen?	❑	❑
Vermeiden Mitarbeiterinnen Blickkontakt und wenden sich ab?	❑	❑
Sind Anregungen zur gemeinsamen Arbeit selten geworden?	❑	❑

Auswertung des Tests: Wenn Sie 3-mal oder häufiger „Ja" angekreuzt haben, gibt es bereits deutliche Konfliktsignale in Ihrem Team.

Anlass, darüber nachzudenken, ob sich Probleme im Team anbahnen, sind natürlich auch Äußerungen von Teammitgliedern – selbst Kommentare, die im Nebensatz oder beim Verlassen einer Besprechung halblaut geäußert werden. Nehmen Sie diese Äußerungen ernst. Fragen Sie nach, erkunden Sie, ob es sich um eine Einzelmeinung handelt oder ob mehr dahintersteckt.

Vielfach kann man durch bloße Beobachtung erkennen, dass der Teamgeist und die Harmonie im Team leiden. Erkennbar ist dies an 2 Dingen:
1. Reibereien nehmen zu.
2. Die resignative Stimmung wächst.

Reibungsverluste zeigen sich in folgenden Punkten:
- Diskussionen um Lösungen oder Maßnahmen enden immer öfter ohne konkrete Ergebnisse.
- Die Mitarbeiterinnen versteifen sich darauf, wer recht hat und wer im Unrecht ist.
- Bei Auseinandersetzungen wird der Ton schärfer, und es fallen abschätzige Bemerkungen.

Resignation bemerken Sie u. a. an folgendem Verhalten Ihrer Mitarbeiterinnen:
- Es wird gemacht, was gemacht werden muss. Eigeninitiative spielt kaum noch eine Rolle.
- Das Interesse für alles, was nicht die eigentliche Arbeit betrifft, schwindet.
- In Gruppentreffen sind viele Mitarbeiterinnen still, unbeteiligt und wirken genervt.

Wohlgemerkt können dies alles Anzeichen für Konflikte in Ihrem Team sein. Sie müssen es aber nicht. Ob sie es wirklich sind und welche Probleme sich dahinter verbergen könnten, sollten Sie jeweils gründlich ermitteln.

Unterscheiden Sie zwischen Meinungsverschiedenheiten und Konflikten

Meinungsverschiedenheiten und Unstimmigkeiten sind im Team normal, ja sie tragen sogar zur erfolgreichen Zusammenarbeit bei. Denn sie zwingen das Team, sich intensiver mit strittigen Fragen auseinanderzusetzen.

Meinungsverschiedenheiten finden auf der Sachebene statt; dabei ist es unerheblich, ob man sich über unterschiedliche Ansichten, Vorstellungen oder Herangehensweisen streitet. Allerdings sollten solche Meinungsverschiedenheiten nicht die gemeinsame Arbeit stören. Denn wenn Diskussionen kein Ende nehmen und immer wieder dieselben Argumente wiederholt werden, ist kein Wille zur Einigung da. Auch die Toleranz gegenüber der Meinung anderer fehlt, dies wird sich über kurz oder lang negativ auf die Motivation Ihrer Mitarbeiterinnen auswirken.

Zu einem Konflikt kann es dann kommen, wenn die Parteien im Groll auseinandergehen und wenn dabei die Beziehungsebene in Mitleidenschaft gezogen wird. Dann kommt es zu Spannungen im emotionalen Bereich: Eine dauerhafte Störung hat sich eingeschlichen. Der Leistungslevel sinkt. Die Zusammenarbeit ist von Misstrauen geprägt und macht keinen Spaß mehr. Werden solche Teamkonflikte nicht angegangen, können sich Phänomene wie Mobbing, Intrigen, Krankheiten wie psychosomatische Leiden und Sabotage einstellen.

Es ist Ihre Pflicht als Leiterin und Führungskraft, solche „Teamkrankheiten" richtig zu erkennen und schnell zu heilen. Bleiben Sie immer wachsam und erkennen und analysieren Sie mögliche Konfliktanzeichen schon sehr frühzeitig.

6 Felder, in denen sich Konflikte im Team zeigen

Um Konflikte lösen zu können, müssen Sie als Teamleiterin erst einmal analysieren, wie es zu dem Konflikt kommen konnte. Typische Ursachen für Konflikte im Team sind:

- Zusammensetzung und Zusammenhalt der Gruppe, z. B. kann es zu Konflikten kommen, wenn ein bestehendes Team in 2 oder mehrere Hälften zerfällt,
- Identifikation mit dem Team, z. B. können hier Probleme entstehen, wenn die Mitarbeiterinnen mit unterschiedlicher Motivation arbeiten und sich unterschiedlich engagiert einbringen,
- Zusammenarbeit innerhalb der Gruppe, z. B. kann ein Konflikt entstehen, wenn eine oder mehrere Mitarbeiterinnen neu ins Team kommen,
- Arbeitssituation, z. B. können Probleme entstehen, wenn eine Mitarbeiterin nur teilzeitbeschäftigt ist, obwohl sie Vollzeit arbeiten möchte,
- Engagement und Motivation, z. B. können sich Probleme entwickeln, wenn die Leiterin zu hohe Anforderungen an ihre Mitarbeiterinnen stellt, und
- Teamleitung, z. B. kann ein Konflikt entstehen, wenn ein Teammitglied zur Leitung aufsteigt.

Wo bei Ihnen Reibungsverluste und Konflikte drohen, können Sie mit dem folgenden Test ermitteln.

Test: Wie gut arbeitet Ihr Team zusammen?		
Sind folgende Konfliktsignale in Ihrem Team sichtbar?	**Ja**	**Nein**
1. Ergänzen sich die Mitarbeiterinnen in Ihrem Team gut?	❑	❑
2. Haben Ihre Mitarbeiterinnen ein Vertrauensverhältnis aufgebaut?	❑	❑
3. Arbeiten Ihre Mitarbeiterinnen gern zusammen?	❑	❑
4. Sind die Ziele der gemeinsamen Arbeit allen klar?	❑	❑
5. Setzt sich jede Mitarbeiterin im Team für die Erreichung der gemeinsamen Ziele ein?	❑	❑
6. Passen die Persönlichkeiten aller Mitarbeiterinnen im Team gut zusammen?	❑	❑
7. Werden wichtige Entscheidungen gemeinsam im Team vorbereitet?	❑	❑
8. Reden und diskutieren Ihre Mitarbeiterinnen viel miteinander?	❑	❑
9. Fühlt sich Ihr Team gut von Ihnen betreut?	❑	❑
10. Gehen Sie Probleme gemeinsam an?	❑	❑
11. Finden sich in Ihrem Team durchweg engagierte Mitarbeiterinnen?	❑	❑
12. Setzen sich alle für die gemeinsame Aufgabe ein?	❑	❑
13. Ist die gemeinsame Arbeit allen Mitarbeiterinnen wichtig?	❑	❑
14. Vertreten Sie die Anliegen Ihres Teams mit Nachdruck?	❑	❑
15. Ist die Motivation im Team gut?	❑	❑
16. Gibt es in Ihrem Team versierte Fachkräfte?	❑	❑
17. Ziehen alle im Team am selben Strang?	❑	❑
18. Finden Ihre Mitarbeiterinnen meist schnell gute Lösungen?	❑	❑
19. Wissen Ihre Mitarbeiterinnen immer, wer was warum tut?	❑	❑
20. Arbeitet Ihr Team aufgabenorientiert, nicht zeitorientiert?	❑	❑
Auswertung des Tests: Bitte kreuzen Sie in der folgenden Tabelle an, bei welchen Fragen Sie mit „Ja“ geantwortet haben. Addieren Sie danach die Zahl der Kreuze zeilenweise, und tragen Sie das Ergebnis unter Gesamt ein.		

Test: Wie gut arbeitet Ihr Team zusammen? (Fortsetzung)				
				Gesamt
Zusammensetzung und Zusammenhalt des Teams	1 ❑	6 ❑	11 ❑	16 ❑
Zusammenarbeit innerhalb der Gruppe	2 ❑	7 ❑	12 ❑	17 ❑
Identifikation mit dem Team	3 ❑	8 ❑	13 ❑	18 ❑
Teamleitung	4 ❑	9 ❑	14 ❑	19 ❑
Engagement und Motivation	5 ❑	10 ❑	15 ❑	20 ❑

Prüfen Sie bei jedem der 5 Felder, von Zusammensetzung / Zusammenhalt im Team bis Engagement / Motivation, wo Ihr Team steht. Der Bestwert ist 5, der schlechteste Wert 0.

Bei Werten unter 4 sollten Sie sich dieses Feld näher ansehen. Hier könnten sich Konflikte anbahnen. Wo verstecken sich in den einzelnen Bereichen bei Ihrem Team Konfliktpotenziale?

1. Ungünstige Zusammensetzung und fehlender Zusammenhalt des Teams

In einem erfolgreichen Team bringen verschiedene Personen ihre unterschiedlichen Kompetenzen ein. Erst daraus resultiert die besondere Leistungsfähigkeit eines Teams. Die individuellen Fähigkeiten und Talente werden von allen Teammitgliedern neidlos anerkannt, akzeptiert und gegenseitig gefördert. So kann das gesamte Team qualitativ hochwertige Arbeit leisten, denn jeder arbeitet mit höchster Motivation.

Konfliktursache 1: Die Stärken der verschiedenen Mitarbeiterinnen harmonieren nicht miteinander.

Unterschiedliche Charaktere haben unterschiedliche Sichtweisen und setzen verschiedene Akzente. Auch das ist ein Vorteil für Ihr Team. So sollte es in Ihrem Team sogenannte **Promotoren** geben:

- Mitglieder, die den Fortschritt mit den Zielen abstimmen (die Zielpromotoren),
- Mitglieder, die den Fachbezug in den Vordergrund stellen (die Fachpromotoren), und
- Mitglieder, die sich um das Team selbst kümmern (die Sozialpromotoren).

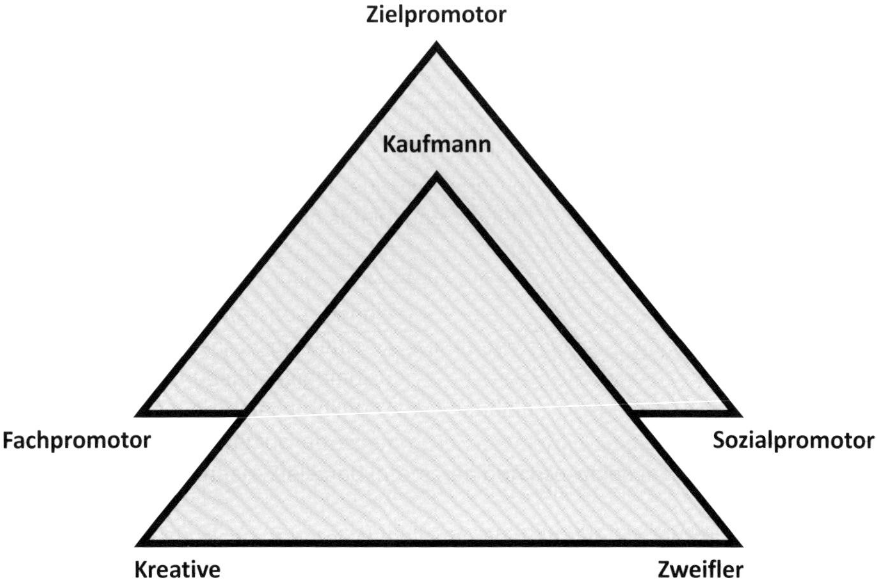

Die besonderen persönlichen Eigenschaften der Teammitglieder müssen sich gegenseitig ergänzen. Ein Fachpromotor kann z. B. die kreativen Elemente des Teams in die richtige Richtung lenken, die Sozialpromotoren sorgen für ein angenehmes Arbeitsklima.

Wichtig bei der Teamzusammensetzung ist eine ausgewogene Mischung: Ein Team, das nur aus Sozialpromotoren besteht, wird sicherlich viel Spaß an der Arbeit haben, aber kaum auf Qualität achten und keine brauchbaren Ergebnisse liefern. Ein Team mit vielen kreativen Elementen wird zahlreiche Vorschläge liefern, von denen aber wahrscheinlich nur wenige tatsächlich zu realisieren sind. Die Folge: Die Arbeit klappt nicht so gut wie erwartet, Enttäuschung macht sich breit, die Motivation sinkt mit einem Mal bei allen Mitarbeiterinnen des Teams. Und damit sind wir bei der ersten möglichen Ursache für Konflikte im Team:

In vielen Teams in Kindertageseinrichtungen ist es nicht möglich, eine Idealbesetzung zu schaffen. Das liegt daran, dass die Teams häufig zu klein sind, dass in der Vergangenheit bei der Zusammenstellung zu wenig auf Persönlichkeitstypen geachtet wurde oder andere Aspekte bei der Stellenbesetzung wichtiger waren.

> **Tipp für Ihre Praxis:** Nutzen Sie die Chance bei Neubesetzungen. Bei bereits vorhandenen Teams können Sie durch die Auswahl neuer Teammitglieder gezielt Schwächen beheben. Wenn Sie z. B. feststellen, dass das Team wenig innovativ ist, holen Sie eine besonders kreative Mitarbeiterin dazu.

2. Mangelnde Identifikation mit dem Team

Viele Hemmnisse resultieren aus Besonderheiten einzelner Teammitglieder.

Konfliktursache 2: Einzelne Mitarbeiter sind von der Persönlichkeit nicht teamfähig oder belasten das Team mit ihren ungelösten Problemen.

Mitarbeiter sind in unterschiedlichem Maße teamfähig. Einige können sich nicht integrieren, oder sie verfolgen in erster Linie eigene Karriereziele, wieder andere sind von der Persönlichkeit her eher Einzelkämpfer.

Checkliste: Individuelle Hemmnisse

	trifft zu
Im Team herrscht Konkurrenzdenken.	❑
Bei einigen Mitgliedern herrscht eine negative oder einseitige Sichtweise vor.	❑
Bei manchen Mitarbeiterinnen ist die Bereitschaft zur Kommunikation wenig ausgeprägt.	❑
Einige Mitarbeiterinnen sind vor allem daran interessiert, ihre eigene Position auszubauen.	❑
Manche Mitarbeiterinnen scheuen Auseinandersetzungen.	❑
Die Toleranz gegenüber Vorschlägen und Meinungen anderer ist im Team wenig ausgeprägt.	❑

Versuchen Sie, solche Mitarbeiterinnen vom **Vorteil der Teamarbeit** zu überzeugen. Und das geht am besten durch Taten. Wenn Mitarbeiterinnen begreifen, dass das gemeinsame Arbeiten an einer Sache tatsächlich zu besseren Ergebnissen führt, werden sie aufgeschlossener.

Schwierigkeiten einzelner Mitarbeiterinnen

Einzelne Personen können ihre Schwierigkeiten in das Team hineintragen und Kolleginnen mit den eigenen Problemen belasten, die Arbeit blockieren, das Arbeitsklima vergiften. Nicht selten wird dann aus einem Problem einer einzigen Mitarbeiterin eine Auseinandersetzung mit einer Kollegin oder gar ein Konflikt in der Arbeitsgruppe.

Häufige Ursachen für Probleme Einzelner sind:

- **Stress**
  aufgrund von Zeitmangel, Unklarheiten bei Zielen oder der Arbeitsmethodik,
- **Frustration**
  aufgrund eines Mangels an Erfolg und Anerkennung,
- **Unvermögen**
  z. B. durch einen Mangel an Können und Wissen,
- **Starrheit**
  aufgrund des Mangels an Flexibilität und positiver Einstellung zu Veränderungen,
- **Egoismus**
  z. B. durch fehlende soziale Fähigkeiten und mangelnde soziale Anpassung.

Im Team von Frau Völler ist eine Erzieherin, die ihr seit Längerem Sorgen macht. Hannah Kuttner hatte schon immer leichte Schwierigkeiten mit ihrer Arbeitsorganisation. Die Folge: Gerade in letzter Zeit wirkt sie häufig gestresst. Sie hält sich dadurch nicht an zeitliche Absprachen. Es häufen sich schon die Beschwerden von Eltern.

Nehmen Sie sich solcher Erzieherinnen an, sprechen Sie mit ihnen. Zeigen Sie ihnen auf, welche Auswirkungen ihr Verhalten hat. Überlegen Sie gemeinsam, wie solche negativen Effekte auf die Arbeit vermieden werden können.

3. Belastende Arbeitssituation

Konfliktursache 3: Ungünstige Rahmenbedingungen belasten die Arbeit im Team, die Arbeitssituation führt zu Reibungsverlusten.

Teams brauchen gute **Arbeitsbedingungen**, um effektiv zu arbeiten. Die Arbeitsbedingungen sind jedoch gleichzeitig eine Ursache für Reibungsverluste.

Besonders 2 Faktoren spielen hier eine wesentliche Rolle:

1. Die **Zahl der Mitarbeiterinnen** im Team muss überschaubar sein.
   5 bis 7 Mitglieder gelten als ideale Größe. Mehr als 12 Kolleginnen sollten es auf keinen Fall sein, weil sonst das Team in Untergruppen zerfällt.

2. Teams sollten in Ruhe arbeiten können.
   Andauernde organisatorische Veränderungen schaffen Unruhe und mindern die Effektivität der Arbeit.

Ihre Aufgabe als Leiterin ist es, für günstige Rahmenbedingungen Ihres Teams zu sorgen.
Es gibt 3 Konfliktursachen, die sich aus der Arbeitssituation ergeben. Dazu gehören

- **Zielkonflikte**
  aufgrund unterschiedlicher Zielvorstellungen und Gewichtung von Zielen.
- **Interessenkonflikte**
  z. B. durch ganz unterschiedliche Bedürfnisse der Mitarbeiterinnen.
- **Verteilungskonflikte**
  Durch unterschiedliche Arbeitsbelastung und die Verteilung von Privilegien.

Diese 3 Arten von Problemen wirken sich meist unmittelbar auf das Teamklima und den Austausch, auf Information und Kommunikation aus.

So sind Sie als Leiterin und Führungskraft gefordert:

- Achten Sie auf eine gerechte Verteilung der Arbeitsbelastung.
- Schaffen Sie klare Zuständigkeiten.
- Vermeiden Sie Unter- und Überforderung einzelner Mitarbeiterinnen.

4. Gestörte Zusammenarbeit innerhalb der Gruppe

Konfliktursache 4: Die Zusammenarbeit leidet unter den unterschiedlichen Vorstellungen und Einstellungen der Mitglieder.

Jeder Mensch ist anders, jeder hat sympathische und weniger sympathische Züge. Und in der Regel haben sich Ihre Mitarbeiterinnen ihre Kolleginnen ja nicht selbst ausgesucht. Deshalb ist die weitere Quelle für Konflikte besonders ergiebig: Schwierigkeiten zwischen 2 oder mehr Personen.

Diese internen Probleme, die durch unterschiedliche Einstellungen geschehen, können sich so weit entwickeln, dass die betroffenen Mitarbeiterinnen sich bei der Zusammenarbeit in der Kita so unwohl fühlen, dass sie dem Druck nicht mehr standhalten. Sie leiden an psychischen und körperlichen Symptomen und werden häufig krank.

Checkliste: Belastungen in der Zusammenarbeit	
	trifft zu
Die Zusammenarbeit klappt nicht reibungslos.	❑
Einzelne Mitarbeiterinnen sind isoliert am Rande des Teams.	❑
Mitarbeiterinnen klagen über zu wenig, zu ungenaue, zu späte Information.	❑
Es findet keine offene Kommunikation statt.	❑
Die Zusammenarbeit leidet an unerledigten alten Konflikten.	❑
Im Team findet sich kein Wir-Gefühl, es gibt keine gemeinsamen Werte.	❑

Konflikten vorzubeugen heißt deshalb für Sie als Leiterin und Vorgesetzte, die Besonderheiten und Eigenarten einzelner Mitarbeiterinnen zu kennen. Sorgen Sie dafür, dass sie nicht Auslöser von Konflikten werden und dass das Konfliktpotenzial von vornherein entschärft wird: Eine Gruppe mit einer als „Plaudertasche" bekannten Erzieherin und einer Kinderpflegerin, die in Ruhe arbeiten will, ist konfliktträchtig. Ebenso wenig sollten Sie eine kreative, aber chaotische Mitarbeiterin mit der Leitung eines wichtigen Projekts, z. B. des Qualitätsmanagements für die Einrichtung, beauftragen oder eine wenig motivierte Mitarbeiterin als Ausbildungsbeauftragte für Ihre Praktikantinnen einsetzen.

Wenn Sie wissen, dass eine Mitarbeiterin übersensibel auf ein bestimmtes Thema reagiert, können Sie entsprechend vorsichtig damit umgehen. Wenn Ihnen bekannt ist, dass eine Mitarbeiterin unzufrieden ist, könnten Sie versuchen, sie über neue Aufgaben zu motivieren, z. B. indem sie eine Fortbildung zur mathematischen Förderung der Kinder besuchen darf und schließlich einrichtungsintern für die Umsetzung dieses wichtigen Aspekts zuständig ist.

Vor allem wenn die Arbeitsgruppe zu groß ist oder Mitarbeiterinnen von ihrer Persönlichkeit her nicht zueinanderpassen, kann es innerhalb des Teams zur Bildung von Cliquen kommen. Bei Cliquen besteht immer die Gefahr, dass sie sich abkapseln und die Kommunikation mit Kolleginnen außerhalb ihrer Clique einschränken. Im schlimmsten Fall kommt es zur „inneren Kündigung" der Mitarbeiterinnen. Diese sind dann so unmotiviert, dass sie keine qualitativ hochwertige Arbeit mehr verrichten, sondern nur noch das Allernötigste arbeiten.

Checkliste: Woran Sie Cliquenbildung erkennen können	
Abgrenzung	**vorhanden**
Mitarbeiterinnen setzen sich in Pausen nur noch mit ihrer Clique zusammen.	❑
Tratsch und Klatsch nehmen zu.	❑
Gegenüber Einzelnen entsteht eine ablehnende Grundhaltung.	❑
Es bilden sich Grüppchen, Cliquen und Parteien.	❑
Mitarbeiterinnen vermeiden – wann immer möglich – den Kontakt zu Kolleginnen.	❑

Einer solchen Cliquenbildung können Sie vorbeugen, indem Sie dafür Sorge tragen, dass alle Mitarbeiterinnen Gelegenheit haben, miteinander zu kommunizieren, indem Sie z. B. wechselnde Dienste einführen.

Praxisbeispiel: Frau Völler achtet darauf, dass nicht immer dieselben Mitarbeiterinnen beim Mittags- und beim Spätdienst der Kinder zusammenarbeiten. Außerdem führt sie regelmäßig Teambesprechungen durch, an denen alle Mitarbeiterinnen teilnehmen. In diesen Besprechungen wird die gemeinsame Arbeit thematisiert.

5. Abnehmendes Engagement und fehlende Motivation

Konfliktursache 5: Fehlende Motivation führt zu Arbeitshemmnissen.

Jede Begeisterung lässt einmal nach – auch die, in einem guten Team zu arbeiten. Eine positive Motivation ist jedoch eine tragende Säule jeder Teamarbeit. Denn Motivation wirkt sich positiv auf das Engagement aus, die Arbeit geht besser und schneller von der Hand, Mängel aufgrund fehlender Konzentration bleiben aus.

Fehlende Motivation kann zu **Arbeitshemmnissen** führen, das Gruppenklima stark belasten und sich im ungünstigsten Fall in verschiedenen Arten von **Widerständen** äußern. Im schlimmsten Fall kommt es zur „inneren Kündigung“ der Mitarbeiterinnen. Diese sind dann so unmotiviert, dass sie keine qualitativ hochwertige Arbeit mehr verrichten, sondern nur noch das Allernötigste arbeiten.

Übersicht: Arten von Widerständen	
passive Widerstände	**aktive Widerstände**
keine Anregungen	Aufbau von Gegenpositionen
keine konstruktiven Beiträge	Verweigerung von Zusammenarbeit
ablehnende Grundhaltung	häufige Vorwände
Interessenlosigkeit und Unlust	Vorschützen von Überbelastung
unterdurchschnittliche Arbeitsergebnisse	Flucht in die Krankheit

Auch bei fehlender Motivation sind Sie als Leiterin gefordert. Ein Patentrezept zur Motivation gibt es leider nicht. Sie müssen die besonderen Bedürfnisse jeder einzelnen Mitarbeiterin herausfinden und diese Bedürfnisse ganz gezielt ansprechen. Möglichkeiten sind z. B.:

- Festlegen von neuen, anspruchsvollen Zielen,
- Übertragen zusätzlicher Kompetenzen und Befugnisse,
- Schaffen von Freiräumen bei der Arbeit,
- Übertragen neuer, fordernder Aufgaben,
- Ermöglichen eines direkten Zugangs zu wichtigen Informationen und
- Übertragung von Sonderaufgaben.

6. Fehler der Teamleitung

Konfliktursache 6: Die Führungskraft nimmt ihre Aufgabe als Teamleiterin unzureichend wahr.

Ein gutes Team braucht eine gute Führung. Im Alltag von Kindertageseinrichtungen zeigt sich leider, dass viele Leiterinnen als Führungskräfte noch lernen müssen, mit dieser besonderen Führungssituation richtig umzugehen. Häufige Probleme: Die Leiterin mischt sich zu viel in die Alltagsgeschäfte ein, lässt zu wenige Gestaltungsspielräume, achtet nicht auf eine ausgewogene Arbeitsbelastung.

Als Teamleiterin sollten Sie folgendermaßen vorgehen:

- Definieren Sie klare Erwartungen.
- Legen Sie Leistungsnormen fest.
- Machen Sie deutlich, welches Verhalten Sie erwarten und welches Verhalten in Ihrem Team für Sie inakzeptabel ist.

- Führen Sie eine regelmäßige Besprechung ein – z. B. im Rhythmus von 4 Wochen –, bei der das Team selbst und die Zusammenarbeit Thema sind.
- Fordern Sie offene Rückmeldungen, wenn Schwierigkeiten im Umgang mit anderen Teammitgliedern auftreten.
- Gehen Sie selbst offen mit Ihren eigenen Fehlern um, und zeigen Sie Verständnis für die Fehler anderer.

Geben Sie Ihren Teammitgliedern ein gutes Vorbild in
- Ihrem Engagement,
- Ihrer Motivation,
- der Art Ihres Umgangs mit anderen,
- Ihrem Kommunikationsverhalten und
- Ihrer Teamfähigkeit.

7 Schritte, wie Sie Konflikte im Team aus der Welt schaffen

Für Konflikte gilt: Nicht der Konflikt ist das Problem, sondern die Unfähigkeit, damit umzugehen, weil man sich den Dingen nicht stellen will oder fürchtet, sie nicht in den Griff zu bekommen.

Als Führungskraft und Leiterin sind Sie immer auch der **Coach Ihres Teams**, der bei Schwierigkeiten hilft. Dies trifft natürlich auch für bestehende Konflikte im Team zu.

1. Machen Sie sich ein Bild

Analysieren Sie, welche Schwierigkeiten vorliegen. Dabei ist es meist sinnvoll, nicht nur auf die eigenen Beobachtungen und die eigene Wahrnehmung zu setzen: Reden Sie mit allen Beteiligten. Aus verschiedenen Blickwinkeln betrachtet, erhalten Sie ein klareres Bild. Fragen Sie nach den **Hintergründen**. Am besten gelingt dies mit einer einfachen Frage, der Frage: *Warum?*
- Warum kommt es jetzt zu diesem Streit?
- Warum gibt es jetzt diese Auseinandersetzung?

Sie werden schnell auf die **Vorgeschichte** der aktuellen Probleme stoßen. Diese Vorgeschichte kann sehr lang und sehr verwoben sein. Die Fronten können schon sehr verhärtet sein, die Hintergründe ebenso kompliziert wie vielschichtig. Entwickeln Sie aus den einzelnen Mosaiksteinen ein möglichst klares Bild des Konflikts:

- Handelt es sich eher um einen einmaligen, schwerwiegenden Vorfall oder um eine Reihe einzelner Auseinandersetzungen?
- Welche Anteile liegen auf der Sach-, welche auf der Beziehungsebene?

2. Suchen Sie nach den Ursachen

Jeder Konflikt hat eine **Ursache** und einen **Anlass**. Der Anlass kann mehr oder weniger banal sein, ein Missverständnis, eine unglückliche Bemerkung, die Reaktion darauf übertrieben erscheinen. Die Ursachen liegen meist tiefer.

Deshalb ist ein erster wesentlicher Schritt beim Umgang mit Konflikten die Analyse der Ursachen. Je vertrackter die Situation, desto wichtiger ist die Analyse der Ursachen des Konflikts. Denn es hilft meist wenig, an der aktuellen Auseinandersetzung herumzudoktern. Die Ursachen bekommen Sie nur dann heraus, wenn Sie gezielt und manchmal hartnäckig bei den Konfliktparteien nachfragen. Ihre wichtigste Hilfe ist dabei die Frage: *Warum?*

Übersicht: Anlässe und Ursachen für Probleme in Teams

Aktuelle Situation	Was beobachte ich?
↓	
Hintergrund	Warum ist das so?
↓	
Vorgeschichte	Was ist vorher passiert?
↓	
Ursachen	Wie ist der Konflikt entstanden?

3. Bestimmen Sie die Eskalationsstufe

Probleme, erst recht Konflikte im Team sind nicht einfach so da. Sie entwickeln sich. In der Anfangsphase sind Konflikte meist viel einfacher zu lösen, allerdings auch schwieriger zu erkennen.

Je weiter der Konflikt voranschreitet, desto länger bindet er die Energien der Konfliktpartner, und desto mehr Aufwand kostet die Konfliktlösung.

Konflikte entwickeln sich meist in 5 Stufen:

1. **Spannungen entstehen**
   Gründe sind unterschiedliche Einstellungen, Gewohnheiten, Meinungen und Einschätzungen.
   Beispiel: Veronika Fischer, Erzieherin der Schmetterlingsgruppe, ist sehr naturverbunden. Sie möchte mit den Kindern eine Waldwoche durchführen. Bei den anderen Erzieherinnen im Team trifft das auf wenig Gegenliebe. Frau Fischer lässt sich jedoch nicht von ihrer Idee abbringen.

2. **Es kommt zu einer Polarisierung**
   Jeder hält an seiner Position fest, andere Standpunkte sind nicht akzeptabel.
   Beispiel: Frau Fischer fängt in jeder Teamsitzung wieder mit der Waldwoche an und möchte ihre Kolleginnen und die Leiterin davon überzeugen.

3. **Die Parteien gehen auf Konfrontationskurs**
   Wichtig ist, wer recht hat. Die Auseinandersetzung gewinnt an Schärfe.
   Beispiel: Frau Fischer wirft ihren Kolleginnen wenig Umweltbewusstsein und keine Liebe zur Natur vor. Die anderen Erzieherinnen sagen ihr, dass sie die wichtigen Aufgaben in der Kita nicht sieht.

4. **Koalitionen bilden sich, jeder sucht sich Gleichgesinnte**
   Im Team wird nicht miteinander, sondern übereinander geredet. Einzelne versuchen, die Ansichten der „Gegnerin" als lächerlich oder unverschämt abzutun.
   Beispiel: Erzieherin Sabrina Schaub möchte sich mit Frau Fischer zusammentun und mit ihr gemeinsam die Waldwoche durchführen. Die beiden wollen die Woche auf jeden Fall im Wald gestalten, auch denn, wenn sich die anderen Erzieherinnen nicht überzeugen lassen.

5. **Der offene Konflikt bricht aus**
   Der Ton wird rauer, Mitarbeiterinnen versuchen gezielt, der anderen zu schaden.
   Beispiel: Jede Partei sieht die andere Gruppierung als Gegner. Beide Parteien werfen sich Ignoranz und wenig pädagogische Weitsicht vor.

Spätestens wenn die 3. Stufe erreicht ist, handelt es sich um einen handfesten Konflikt. Vielleicht haben Sie schon einen konkreten Konfliktfall vor Augen. Dann können Sie mithilfe der folgenden Fragen selbst entscheiden, wie stark der Konflikt schon eskaliert ist.

Test: Wie stark ist Ihr Teamkonflikt schon eskaliert?		
	Ja	**Nein**
Schwelt der Konflikt schon lange?	❑	❑
Sind die Hintergründe kaum noch nachvollziehbar?	❑	❑
Beeinträchtigt der Konflikt die Arbeit in der Kindertageseinrichtung?	❑	❑
Ist zwischen den Konfliktparteien ein neutrales Gespräch kaum mehr möglich?	❑	❑
Kommt es zwischen den Konfliktparteien immer wieder zu Reibereien?	❑	❑
Sind frühere Versuche gescheitert, den Konflikt zu lösen?	❑	❑
Reden die Konfliktparteien abwertend übereinander?	❑	❑
Versuchen die Konfliktparteien, Verbündete auf ihre Seite zu ziehen?	❑	❑
Ist der Konflikt offensichtlich?	❑	❑
Sind im Team durch den Konflikt verschiedene Lager entstanden?	❑	❑

Auswertung des Tests:
Addieren Sie die Zahl der Kreuze, die Sie bei „Ja" gemacht haben:

bis 3	Der Konflikt steckt noch in den Anfängen. Holen Sie die Konfliktpartner zusammen, und klären Sie die Ursachen.
4–6	Der Konflikt ist deutlich erkennbar, aber noch nicht allzu stark eskaliert. Versuchen Sie, sich schnell des Konflikts anzunehmen und eine Lösung herbeizuführen.
über 6	Der Konflikt ist schon sehr weit fortgeschritten. Es dürfte einige Anstrengungen erfordern, um das Problem aus der Welt zu schaffen.

4. Prüfen Sie die Aussichten auf eine tragbare Lösung

Wenn die Parteien in Ihrem Team nicht an einer Lösung interessiert sind, wird es auch zu keiner vernünftigen Lösung kommen. Versuchen Sie als Erstes, die folgende Frage zu klären: Ziehen die Konfliktparteien Vorteile daraus, dass der Konflikt weiter besteht? Denn Konflikte können für den Einzelnen durchaus **Vorteile** haben:

- Einen „Gegner" zu haben verstärkt die Solidarität in der Gruppe, die die Konfliktparteien um sich herumgeschart haben.
- Der anderen Konfliktpartei „eins auswischen" zu können kommt einem Sieg gleich, für den es Anerkennung gibt.

Eine erfolgreiche Problemlösung hängt dann im Weiteren davon ab, ob alle Parteien
- den Konflikt ernst nehmen,
- die Partner akzeptieren,
- das Gespräch suchen,
- kompromissbereit sind.

Wichtiger Hinweis! Bei manchen Konflikten sind kein Leidensdruck und damit kein Lösungsdruck vorhanden, manchmal gewinnt man sogar den Eindruck, bestimmten Leuten machen Konflikte Spaß, es ist sozusagen ihr normaler Umgangsstil. Dann handelt es sich aber nicht primär um ein Problem zwischen den Konfliktparteien, sondern um das Problem einer Einzelperson.

5. Holen Sie die Parteien an einen Tisch

Konflikte lösen kann man nur gemeinsam – und Sie als **Schlichter** haben dabei eine wichtige Aufgabe. Resultieren die Schwierigkeiten aus dem Verhalten einer Mitarbeiterin, sollten Sie mit dieser Mitarbeiterin das Gespräch suchen und Änderungen besprechen. Wichtig ist, dass die Änderungsvorschläge von der betreffenden Mitarbeiterin kommen, eine Art **Selbstverpflichtung** sind.

Gibt es Probleme, die das ganze Team betreffen, sollte eine gemeinsame Linie gefunden werden. Auch hier stehen am Ende konkrete Vereinbarungen.

Schritt-für-Schritt-Anleitung: So leiten Sie ein Gespräch bei Teamkonflikten

1. Rufen Sie beide Konfliktparteien gemeinsam zu sich.
2. Bestimmen Sie, wer anfangen darf, aus seiner Sicht das Problem zu schildern. Dabei gelten folgende Spielregeln:
   - Diejenige, die gerade spricht, darf ohne Zeitbegrenzung alles sagen, was ihr auf dem Herzen liegt.
   - Sie als Schlichterin geben zu der Sache keine Wertung oder Kommentare ab.
   - Die jeweilige Zuhörerin darf nicht unterbrechen. Sie darf sich jedoch Notizen machen. Damit nehmen Sie bei ihr den Stress heraus, dringend sofort widerlegen zu wollen, aus Angst, sonst etwas zu vergessen.
3. Wenn die Erste fertig ist, darf die Zweite unbegrenzt und ungestört ihre Sicht schildern. Bei ihr gelten die gleichen Regeln.

4. Wenn die Zweite fertig ist, ist die Erste wieder dran. Lassen Sie das Spiel wiederholen, bis beiden die Lust daran vergeht, ständig auf den gleichen Dingen herumzureiten. Sie erreichen damit, dass die Betroffenen ihre Aggressionen abbauen und langsam zur Sachlichkeit zurückkehren.
5. Ist die sachliche Ebene wieder erreicht, fordern Sie sie auf, die Vergangenheit und die Schuldfrage ruhen zu lassen. Stattdessen soll jede für sich eine Liste mit offenen Punkten aufstellen. Überschrift: *„Das erwarte ich vom anderen, damit ich wieder konstruktiv mit ihm arbeiten kann."*
   Dadurch erreichen Sie, dass die Streithähne von ihren negativen Gefühlen abgelenkt werden und wieder den Blick in Richtung sachlicher Zusammenarbeit richten.
6. Sie überprüfen die Listen. Es dürfen nicht Entschuldigungen oder Schuldeingeständnisse o. Ä. verlangt werden, sondern konkrete Dinge.
7. Sie geben den Kontrahentinnen die Liste der jeweiligen Gegnerin. Jede soll eine Forderung der anderen ankreuzen, der sie nachkommen will. Dadurch erreichen Sie, dass sich beide Parteien aufeinander zubewegen. Da sicherlich keine von beiden vor Ihren Augen schäbig wirken will, wird sich jede bemühen, eine wichtige Forderung der anderen auszuwählen.
8. Beide Parteien versprechen fest, sich ab sofort an die ausgewählte Vereinbarung zu halten und alle anderen offenen Punkte erst einmal auf Eis zu legen.
9. Geben Sie jeder den eigenen Zettel zurück und dazu eine Kopie der Liste der Kontrahentin. Vereinbaren Sie einen neuen Termin für die weitere Einigung. Dann sollen die bis dahin noch offenen Punkte bereinigt werden. Geben Sie beiden Mitarbeiterinnen den Auftrag, sich bis zum nächsten Mal zu überlegen, welche Angebote man der jeweils anderen zu machen gedenkt.

Tipp für Ihre Praxis: Es geht nicht darum, wer Recht hat. Wenn Sie einen Konflikt zwischen Mitgliedern Ihres Teams zu schlichten haben, sollten Sie sich nicht in der fruchtlosen Suche nach der Schuld verlieren. Sie sind schließlich kein Richter, der eine gerechte Strafe zu erteilen hat. Sie sind eine Teamleiterin, die möglichst schnell für reibungslose Weiterarbeit sorgen will.

6. Vereinbaren Sie konkrete Ziele und Maßnahmen

Hauptziele sind, ein weiteres Eskalieren des Konfliktes zu vermeiden und die Parteien wieder zu einer konfliktfreien Kommunikation zurückzuführen. Zeigen Sie den Konfliktparteien auf, welche persönlichen Vorteile sie von der gemeinsamen Vereinbarung haben. Das erhöht die Wahrscheinlichkeit, dass sich die Konfliktparteien tatsächlich bemühen, die Einigung umzusetzen.

Die vereinbarten Maßnahmen sollten konsequent und zügig umgesetzt werden. Dies muss nachgehalten werden, am besten über Terminsetzungen und – bei langfristigen Maßnahmen – über Zwischenschritte mit Teilzielen. Immer sollte eine Kontrolle erfolgen, ob die Maßnahmen erfolgreich waren und das Vereinbarte umgesetzt wurde.

Wichtiger Hinweis! Sprechen Sie bis zum nächsten Termin auf keinen Fall mit einer oder beiden Kontrahentinnen unter 4 Augen. Das Thema muss bis dahin ruhen.

Ob sich der bisherige Konflikt zwischen den beiden Kontrahentinnen wirklich aufgelöst hat, erkennen Sie an folgenden Merkmalen:

- Die beiden Mitarbeiterinnen weichen sich nicht mehr bewusst aus.
- Sie nehmen z. B. in Teambesprechungen offen Blickkontakt miteinander auf und sprechen sich direkt an.
- Sie nehmen gleichzeitig an lockeren Plaudergrüppchen, z. B. im Teamzimmer oder in der Kaffee-Ecke, teil.

7. Reduzieren Sie das Konfliktpotenzial

Mit flankierenden Maßnahmen können Sie dafür sorgen, dass es keinen neuen Zündstoff für weitere Reibereien gibt. Im konkreten Fall bedeutet dies:

1. Reduzieren Sie die Häufigkeit der Kontakte zwischen den Kontrahentinnen für eine Weile. Gesunder Abstand kann die Gemüter beruhigen, nach dem Motto: *„Aus den Augen, aus dem Sinn."* Wenn die Mitarbeiterinnen sich seltener sehen und einigen müssen, hören sie schneller damit auf, negative Gefühle und Gedanken gegeneinander zu hegen.
2. Ermöglichen Sie Ihren Mitarbeiterinnen den individuellen Rückzug in streng abgetrennte Aufgabengebiete. Grenzen Sie ganz klar ab, wer wofür zuständig ist, wer was zu tun hat, wer welche Verantwortungen übernimmt. So kann sich jede auf ihre Sache konzentrieren und muss sich nicht durch Reibereien mit Kolleginnen immer wieder neu ärgern.

Tipp für Ihre Praxis: Stellen Sie gemeinsam im Team Spielregeln für die Zusammenarbeit auf. Dazu gehören Regeln, wie miteinander umgegangen werden soll, aber auch, wie mit Meinungsverschiedenheiten und Problemen umzugehen ist.

Überlegen Sie, ob Sie schon demnächst gemeinsam im Team Spielregeln der Zusammenarbeit aufstellen.

Abschlusscheckliste: So lösen Sie Konflikte im Team effektiv

Abschlusscheckliste: So lösen Sie Konflikte im Team effektiv	
	o. k.
Sie haben Ihrem Team verdeutlicht, dass es fast automatisch zu Reibungsverlusten führt, wenn unterschiedliche Menschen zusammenarbeiten.	❑
Sie haben für gute Arbeitsbedingungen gesorgt.	❑
Sie haben in Ihrer Arbeitsgruppe potenzielle Konfliktherde angesprochen.	❑
Sie haben früh auf Zeichen von Spannungen und andere Konfliktsignale reagiert.	❑
Sie haben sich ein möglichst genaues Bild über den Konflikt verschafft.	❑
Sie haben die Ursachen ermittelt.	❑
Sie haben darauf geachtet, dass die Konfliktparteien die notwendigen Voraussetzungen für eine sachliche Konfliktlösung mitbringen.	❑
Sie haben nach einer gemeinsamen Lösung gesucht.	❑
Sie haben überprüft, ob ein Interessenausgleich überhaupt möglich ist.	❑
Sie haben für tragfähige Vereinbarungen gesorgt.	
Sie haben vorübergehend mögliche Konfliktpotenziale reduziert.	❑

Wenn Sie diese Punkte beachten, können Sie sicher sein: Der konstruktive Umgang mit Konflikten wird zu einer der starken Seiten Ihres Teams. Ihre Mitarbeiterinnen lernen, Konflikte als das zu sehen, was sie sind: natürliche Begleiterscheinungen, wenn Menschen intensiv zusammenarbeiten, Begleiterscheinungen, die sich schnell aus dem Weg räumen lassen, wenn man dazu bereit ist und mit anpackt.

Mein Fazit

Konflikte im Team müssen rasch erkannt und gelöst werden. Denn Konflikte lähmen und rauben allen Beteiligten die Kraft, die Sie und Ihre Mitarbeiterinnen benötigen, um Ihre pädagogischen Aufgaben professionell zu erfüllen. Partizipation und Mitbestimmung macht Kinder stark. Sie lernen Ihre eigenen Möglichkeiten kennen und verstehen sehr frühzeitig demokratische Strukturen zu nutzen.

Eigene Ideen einbringen, in Kinderkonferenzen vor großen Kindergruppen sprechen, miteinander diskutieren, verschiedene Abstimmungsmethoden nutzen und sich selbst auch Mehrheitsentscheiden beugen. All das lernen Kinder, wenn Sie Partizipation und Mitbestimmung in Ihrer Kita verwirklichen.

Elternkonflikte frustrieren Ihre Mitarbeiterinnen und sorgen langfristig für eine Handlungsunfähigkeit. Deshalb sollten Sie Elternkonflikte schnell feststellen und auch die Ursachen der Konflikte erkennen.

Gehen Sie auf die Eltern zu und fragen Sie nach. Erkundigen Sie sich auch bei Ihren Mitarbeiterinnen über mögliche Ursachen von Elternkonflikten. Sie sollten eine Konfliktklärung immer Vorrang geben. Denn diese wichtige Aufgabe kann verhindern, dass sich ein Elternkonflikt ausweitet und Eltern nicht mehr positiv von Ihrer Kita sprechen. Damit würde sich ein schlechter Ruf Ihrer Kita verbreiten. Elternkonflikte sollten Sie schnell erkennen und rasch für eine Lösung eintreten.

Schauen Sie erst gar nicht lange zu, wenn Sie Unstimmigkeiten oder Meinungsverschiedenheiten im Team bemerken. Machen Sie das Ganze auch zum Thema in einer Teambesprechung. Formulieren Sie mit Ihrem Personal Regeln, an die sich alle halten müssen, damit so schnell gar keine Konflikte entstehen.

Ihre Mitarbeiterinnen sollten wissen, dass sie die Pflicht haben, sich selbst darum zu kümmern, um Missverständnisse im Team vorzubeugen. Sie sollten lieber 2 mal Nachfragen und die Kollegin darum bitten auch ihre Meinung noch einmal darzulegen. Wenn keine Einigung erzielt werden kann. sollte die Erzieherinnen sich vertrauensvoll an Sie als Leiterin wenden, um mit Ihnen gemeinsam eine Schlichtung zu versuchen.

Notizen

Notizen

Notizen

Notizen

Notizen

Notizen

Notizen